W9-BMQ-372

Prentice Hall Realidades 3

Communication Workbook with Test Preparation

PEARSON

Boston, Massachusetts   Chandler, Arizona   Glenview, Illinois   Upper Saddle River, New Jersey

Art and Map Credits
Page 167: Jennifer Thermes; **Pages 179–180:** © Eldon Doty/H. K. Portfolio, Inc.; **Page 198:** Ted Smykal; **Page 204:** © Eldon Doty/H. K. Portfolio, Inc.

Copyright © Pearson Education, Inc., or its affiliates. All Rights Reserved. Printed in the United States of America. This publication is protected by copyright, and permission should be obtained from the publisher prior to any prohibited reproduction, storage in a retrieval system, or transmission in any form or by any means, electronic, mechanical, photocopying, recording, or likewise. For information regarding permissions, write to Rights Management & Contracts, Pearson Education, Inc., One Lake Street, Upper Saddle River, New Jersey 07458.

Pearson, Prentice Hall, and Pearson Prentice Hall are trademarks, in the U.S. and/or other countries, of Pearson Education, Inc., or its affiliates.

ISBN-13: 978-0-13-322579-2
ISBN-10:   0-13-322579-8

5 6 7 8 9 10 V0N4 16 15 14

Table of Contents

© Pearson Education, Inc. All rights reserved.

Prentice Hall Realidades 3

Writing, Audio & Video Activities

PEARSON

Boston, Massachusetts   Chandler, Arizona   Glenview, Illinois   Upper Saddle River, New Jersey

Table of Contents

© Pearson Education, Inc. All rights reserved.

© Pearson Education, Inc. All rights reserved.

© Pearson Education, Inc. All rights reserved.

Realidades 3

Para empezar

Nombre _____

Fecha _____

Hora _____

AUDIO

Actividad 1

Vas a oír a tres estudiantes describir sus rutinas diarias. Mientras escuchas, pon las actividades indicadas en el orden correcto. Escribe los números uno, dos o tres al lado de la actividad de cada estudiante. El número uno corresponde a la primera actividad. Vas a oír cada descripción dos veces.

Marcos	Orden de actividades
Practica el fútbol.	
Ve la tele.	
Hace la tarea.	

Linda	Orden de actividades
Va al centro.	
Va al gimnasio.	
Hace la tarea.	

Susana	Orden de actividades
Navega en la Red.	
Estudia.	
Hace ejercicios.	

© Pearson Education, Inc. All rights reserved.

Realidades 3

Para empezar

Nombre _____

Fecha _____

Hora _____

AUDIO

Actividad 2

Vas a oír a cinco estudiantes hablar de sus actividades y de lo que quieren hacer. Escucha sus comentarios. Luego, indica la oración que ofrece la mejor conclusión sobre lo que dice cada estudiante. Vas a oír cada comentario dos veces.

1. _____ Puede ir al partido de fútbol.

   _____ No puede ir al partido de fútbol.

2. _____ Se siente muy nervioso.

   _____ No se siente muy nervioso.

3. _____ Juega tenis esta noche.

   _____ No juega tenis esta noche.

4. _____ Quiere ir al baile.

   _____ No quiere ir al baile.

5. _____ Prefiere salir con sus amigos.

   _____ No prefiere salir con sus amigos.

© Pearson Education, Inc. All rights reserved.

Realidades 3

Para empezar

Nombre _____

Hora _____

Fecha _____

AUDIO

Actividad 3

Vas a oír los comentarios de Elena sobre su rutina diaria. Mientras escuchas, escribe los números del 1 al 8 para poner las actividades de los dibujos en el orden correcto, según lo que dice ella. El número 1 corresponde a la primera actividad, y el número 8 corresponde a la última actividad. Vas a oír los comentarios de Elena dos veces.

_____

_____

_____

_____

_____

_____

_____

_____

© Pearson Education, Inc. All rights reserved.

Realidades 3

Para empezar

Nombre _____

Hora _____

Fecha _____

AUDIO

Actividad 4

Vas a oír a cinco estudiantes hablar de sus intereses. Escucha sus comentarios. Luego, indica la oración que ofrece la mejor conclusión sobre lo que dice cada estudiante. Vas a oír los comentarios dos veces.

1. _____ Le encantan las pinturas.

   _____ No le gustan las pinturas.

2. _____ Le importa estudiar mucho.

   _____ No le interesa estudiar mucho.

3. _____ Le gustan los programas de noticias.

   _____ No le interesan los programas de noticias.

4. _____ Le encanta jugar al béisbol.

   _____ No le gusta jugar al béisbol.

5. _____ Le importa tener una computadora y los aparatos electrónicos.

   _____ No le interesan las computadoras y los aparatos electrónicos.

© Pearson Education, Inc. All rights reserved.

Realidades ❸

Para empezar

Nombre _____

Hora _____

Fecha _____

AUDIO

Actividad 5

Vas a oír tres conversaciones breves. Mira los dibujos y escribe el nombre de la persona a la que pertenece cada artículo. Vas a oír cada conversación dos veces.

Personas posibles	**Artículos**
1. Diego, Lidia, Marcos	_____ _____
2. Beto, Olga, Tomás	_____ _____
3. Carmen, Elena, Teresa	_____ _____

© Pearson Education, Inc. All rights reserved.

Realidades 3

Para empezar

Nombre _____

Hora _____

Fecha _____

WRITING

Actividad 6

¿Qué haces normalmente? ¿Y tu familia y amigos? Rellena el horario de abajo con tus actividades, las de alguien de tu familia y las de un(a) amigo(a). Usa frases completas.

Lunes 5 de febrero

a.m.

8:00   Me despierto y hago la cama. Luego como el desayuno.

10:00

12:00

p.m.

2:00

4:00

6:00

8:00

© Pearson Education, Inc. All rights reserved.

Realidades 3

Para empezar

Nombre

Fecha

Hora

WRITING

Actividad 7

A. ¿Cuál es tu día favorito del año? Contesta las preguntas de abajo.

1. ¿Cuál es tu día favorito?

_____

2. ¿Por qué ese día es especial para ti?

_____

3. ¿Qué te gusta hacer ese día?

_____

4. ¿Qué personas están contigo?

_____

5. ¿Cómo se divierten?

_____

B. Ahora, usa tus respuestas para escribir una carta a un(a) amigo(a), explicándole cuál es tu día favorito del año.

Querido(a) _____ :

_____

_____

_____

_____

_____

_____

_____

_____

Saludos,

_____

© Pearson Education, Inc. All rights reserved.

Realidades 3

Capítulo 1

Nombre _____

Fecha _____

Hora _____

AUDIO

Actividad 1

Unos jóvenes hablan de sus aventuras de cámping en lugares diferentes. Ellos describen adónde fueron, qué sucedió mientras acampaban y qué perdieron o dejaron. Lee las frases de la tabla. Luego, escucha las historias y escribe el número de cada joven en el espacio en blanco al lado de la palabra correspondiente. Vas a oír cada historia dos veces.

¿Adónde fueron?	¿Qué les sucedió?	¿Qué perdieron o dejaron?
un lago _____	oyeron un ruido y corrieron _____	la linterna _____
un bosque _____	se perdieron _____	la brújula _____
las montañas _____	apareció un oso _____	los binoculares _____
el desierto _____	empezó a caer granizo _____	el saco de dormir _____
el parque nacional _____	se torció el tobillo _____	la tienda de acampar _____

Actividad 2

Escucha a estas personas mientras hablan sobre lo que les sucedió cuando fueron de cámping. Escribe el número de la descripción debajo del dibujo correspondiente. Vas a oír cada descripción dos veces.

_____   _____   _____

_____   _____   _____

Communication Workbook

© Pearson Education, Inc. All rights reserved.

Realidades 3

Capítulo 1

Nombre

Fecha

Hora

AUDIO

Actividad 3

Los estudiantes del Colegio Martín se reúnen después de las competencias de fin de año. Todos quieren saber qué premios ganó la escuela. Escucha a Juan, a Teresa y a Antonio mientras dicen adónde fueron, cuál fue su secreto para ganar y qué premio obtuvieron. Escribe la primera letra del nombre de la persona debajo del dibujo correspondiente. Vas a oír cada comentario dos veces.

© Pearson Education, Inc. All rights reserved.

Realidades 3

Capítulo 1

Nombre _____

Fecha _____

Hora _____

AUDIO

Actividad 4

Todos estos jóvenes jugaban al fútbol cuando eran pequeños. Sin embargo, no todos hacían las mismas cosas. Escucha lo que dice cada uno y luego escribe el número de la descripción al lado del dibujo correspondiente. Vas a oír cada descripción dos veces.

____

____

____

____

____

____

© Pearson Education, Inc. All rights reserved.

Realidades 3

Capítulo 1

Nombre _____

Fecha _____

Hora _____

AUDIO

Actividad 5

Ayer en su programa de entrevistas "Dime la Verdad", Lola Lozano tuvo como invitados a un grupo de jóvenes de las universidades de Chile. Ellos hablaron de sus viajes inolvidables de cámping. Mientras escuchas cada descripción, escribe en la tabla adónde fue cada persona. Luego encierra en un círculo la respuesta correcta de las demás preguntas. Vas a oír cada descripción dos veces.

	¿Adónde fue?	¿Por qué fue allí?	¿Qué tuvo que llevar?	¿Qué sucedió allí?
1.	a las montañas	para ir de cámping / para escalarlas	unos zapatos especiales / una mochila	empezó a caer granizo / se perdió
2.		para pescar / para ir de cámping	unos binoculares / la tienda de acampar	comenzó a llover / los asustó un oso
3.		para dar un paseo / para buscar un refugio	la brújula / la linterna	vio unos relámpagos / se torció el tobillo
4.		para dar un paseo / para pescar	el saco de dormir / el repelente de insectos	se perdieron / escalaron una roca

© Pearson Education, Inc. All rights reserved.

Actividad 6

El fin de semana pasado, Rocío y Gerardo fueron de cámping con unos amigos. Usa las pistas *(clues)* que te dan para completar las frases y el crucigrama.

Horizontal

4. Luego de subir la
   _____, pudimos ver
   el hermoso paisaje.
8. Escalamos una _____
   muy grande.
10. Cada persona trajo su
    _____ de dormir.
12. Trajimos una _____
    para no perdernos.
13. _____ rocas no es
    peligroso, si te preparas bien.
16. Al _____ hicimos
    una fogata.
17. Dimos un paseo por el
    _____ de árboles.

Vertical

1. ¡Está muy oscuro! Necesito una
   _____.
2. Vimos un _____ en
   el cielo y luego, ¡empezó a llover!
3. Llevamos los _____
   para observar los animales.

5. Antes de que lloviera, oímos un
   _____.
6. Me gusta observar plantas y
   animales porque me encanta
   la _____.
7. Tengo un _____
   de insectos porque hay muchos
   mosquitos.
9. Nos levantamos temprano al
   _____.
11. Hay un _____ entre
    esas montañas.
14. Vamos a refugiarnos en la tienda
    de _____.
15. En el _____ hace
    mucho calor y casi no hay plantas.

© Pearson Education, Inc. All rights reserved.

Realidades 3

Capítulo 1

Nombre

Fecha

Hora

WRITING

Actividad 7

Alberto quiere ser escritor y cada noche escribe en su cuaderno sobre lo que pasó durante el día. A veces habla de lo que hace y otras veces del tiempo o de cosas que ocurrieron en su ciudad. Completa los párrafos que escribió Alberto. Usa el pretérito de los verbos del recuadro.

entrar	creer	leer	ser	caer
tener	destruir	oír	romper	

3 de abril de 2003

¡Ayer hubo una gran tormenta!

_____

_____ .

_____

_____ .

_____

_____ .

_____

_____ .

Hoy, sin embargo, fue un día hermoso.

4 de abril de 2003
Ayer, pensamos que un ladrón entró a la casa.

_____

_____ .

_____

_____ .

_____

_____ .

_____

_____ .

Al final, todo salió bien.

© Pearson Education, Inc. All rights reserved.

Realidades 3

Capítulo 1

Nombre _____

Hora _____

Fecha _____

WRITING

Actividad 8

En su viaje al Parque Nacional Torres del Paine, tus amigos y tú sacaron muchas fotos de lo que vieron y lo que hicieron. Al volver a casa, decides ponerlas en un álbum. Usando frases completas, escribe un pie de foto (caption) para cada una de las fotografías.

En el Parque Nacional Torres del Paine

Modelo

(poder) *Jorge pudo escalar la montaña. Cuando llegó arriba, pudo ver el hermoso paisaje.*

1. (poner) _____

_____

_____

2. (andar) _____

_____

_____

3. (estar) _____

_____

_____

4. (traer) _____

_____

_____

© Pearson Education, Inc. All rights reserved.

Realidades 3

Capítulo 1

Nombre _____

Hora _____

Fecha _____

WRITING

Actividad 9

¿Qué pasó aquí? Mira lo que hicieron estos jóvenes y escribe frases para describir la escena. La primera frase ya está hecha.

1. *Marcelo le pidió el repelente de insectos a Sandra.*

2. _____

3. _____

4. _____

5. _____

6. _____

7. _____

8. _____

9. _____

10. _____

© Pearson Education, Inc. All rights reserved.

Realidades 3

Capítulo 1

Nombre _____

Hora _____

Fecha _____

WRITING

Actividad 10

¿Qué palabras usas para hablar de competencias deportivas? Escribe la respuesta para cada definición y luego busca la palabra en el tablero.

1. El deportista que está en una competencia es un _ _ _ _ _ _ _ _ _ _ _ _ _ _ _ _.

2. El (la) ganador(a) del primer lugar recibe un _ _ _ _ _ _ _.

3. Para participar en la carrera, debes llenar la _ _ _ _ _ _ _ _ _ _ _ _ _.

4. Mi _ _ _ _ _ era conseguir el primer lugar.

5. Yo iba todos los días al _ _ _ _ _ _ _ _ _ _ _ _ _ _ _ _ para ser mejor atleta.

6. Yo fui el representante de mi escuela en la _ _ _ _ _ _ _ _ de 100 metros.

7. "¡_ _ _ _ _ _ _ _ _ _ _ _ _ _ _ _ _ _!" dijo mi hermana cuando gané.

8. Quiero _ _ _ _ _ _ _ _ _ el primer lugar en esa competencia.

9. Mi equipo de básquetbol va a _ _ _ _ _ _ _ _ al tuyo.

10. El público estaba muy _ _ _ _ _ _ _ _ _ _ cuando vio que Ana ganó.

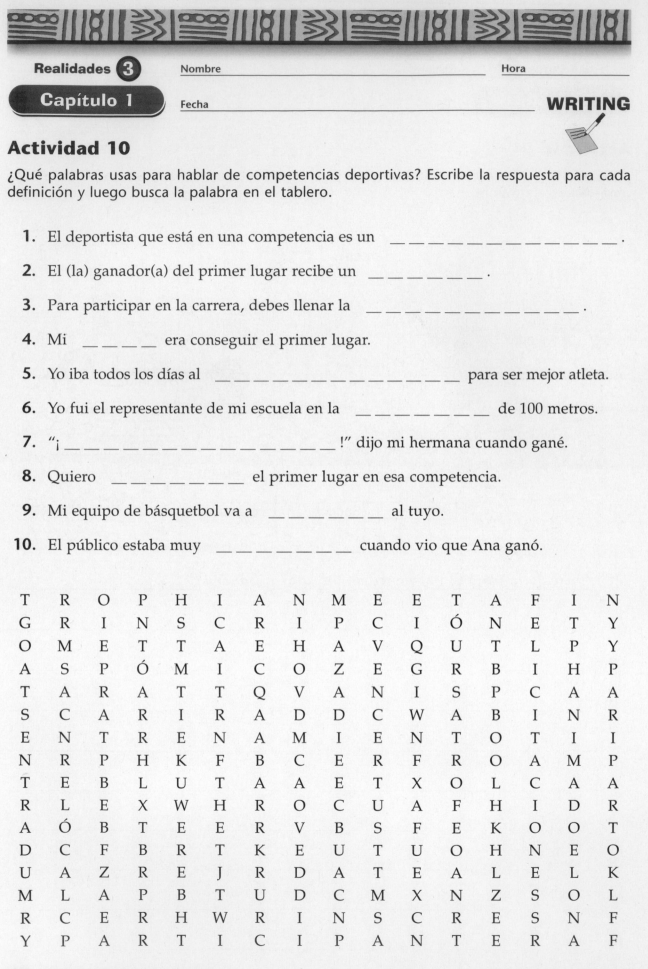

```
T  R  O  P  H  I  A  N  M  E  E  T  A  F  I  N
G  R  I  N  S  C  R  I  P  C  I  Ó  N  E  T  Y
O  M  E  T  T  A  E  H  A  V  Q  U  T  L  P  Y
A  S  P  Ó  M  I  C  O  Z  E  G  R  B  I  H  P
T  A  R  A  T  T  Q  V  A  N  I  S  P  C  A  A
S  C  A  R  I  R  A  D  D  C  W  A  B  I  N  R
E  N  T  R  E  N  A  M  I  E  N  T  O  T  I  I
N  R  P  H  K  F  B  C  E  R  F  R  O  A  M  P
T  E  B  L  U  T  A  A  E  T  X  O  L  C  A  A
R  L  E  X  W  H  R  O  C  U  A  F  H  I  D  R
A  Ó  B  T  E  E  R  V  B  S  F  E  K  O  O  T
D  C  F  B  R  T  K  E  U  T  U  O  H  N  E  O
U  A  Z  R  E  J  R  D  A  T  E  A  L  E  L  K
M  L  A  P  B  T  U  D  C  M  X  N  Z  S  O  L
R  C  E  R  H  W  R  I  N  S  C  R  E  S  N  F
Y  P  A  R  T  I  C  I  P  A  N  T  E  R  A  F
```

© Pearson Education, Inc. All rights reserved.

Realidades 3

Nombre _____

Hora _____

Capítulo 1

Fecha _____

WRITING

Actividad 11

Eres un(a) reportero(a) que trabaja para Radio "Super Deportes". Vas a dar información sobre las Olimpiadas Estudiantiles de tu escuela. Observa lo que pasa en la escena. Luego, escribe por lo menos siete frases sobre lo que ves. Hemos escrito la primera frase para ayudarte.

1. _Los atletas participaban en la carrera._

2. _____

3. _____

4. _____

5. _____

6. _____

7. _____

8. _____

9. _____

© Pearson Education, Inc. All rights reserved.

Realidades 3

Capítulo 1

Nombre _____

Fecha _____

Hora _____

WRITING

Actividad 12

Imagínate que eres un(a) atleta famoso(a) y que tienes tu propia página Web. En tu página tienes una sección de preguntas y respuestas, y ahora ¡te toca responder las preguntas de tus aficionados! Primero completa la información y luego responde las preguntas.

Nombre de tu página Web: _____

Deporte que practicas: _____

1. ¿Qué deportes practicabas de niño? *Juan Robero, Caracas, Venezuela*

   _____

   _____

   _____

   _____

2. ¿Qué actividades te gustaba hacer con tus amigos? *Melissa Paredes, Madrid, España*

   _____

   _____

   _____

   _____

3. ¿Cómo fue tu primera competencia profesional? ¿Cómo reaccionaron tus padres? *Humberto Flores, Houston, Texas*

   _____

   _____

   _____

   _____

4. ¿Cuándo fue tu última competencia? ¿Dónde fue y qué pasó? *Bianca Cervantes, Buenos Aires, Argentina*

   _____

   _____

   _____

   _____

© Pearson Education, Inc. All rights reserved.

Realidades 3

Capítulo 1

Nombre

Fecha

Hora

WRITING

Actividad 13

A. Imagina que cuando eras pequeño(a), tu compañero(a) y tú entrenaban cada día para una competencia deportiva de la escuela. Primero, contesta las preguntas.

1. ¿Qué actividades haces durante un entrenamiento?

_____

2. ¿Qué ocurre durante una competencia?

_____

3. ¿Cómo se siente un(a) atleta cuando se entrena y cuando compite?

_____

B. Ahora, usa las respuestas para escribir una carta a un miembro de tu familia o a un(a) amigo(a), recordando qué hacían y qué sentían tu compañero(a) y tú. Usa el pretérito o el imperfecto de los verbos del recuadro.

entrenarse	vencer	eliminar	emocionarse
alcanzar	inscribirse	participar	levantarse

Querido(a) _____ :

_____

_____

_____

_____

_____

_____

_____

_____

_____

_____

¡Adiós!

© Pearson Education, Inc. All rights reserved.

Realidades 3

Capítulo 1

Nombre _____

Hora _____

Fecha _____

VIDEO

Antes de ver el video

Actividad 14

¿Qué actividades puedes hacer en los siguientes lugares?

1. _____
   _____

2. _____
   _____

3. _____
   _____

4. _____
   _____

¿Comprendes?

Actividad 15

Lee las siguientes frases y escribe *C* si son ciertas o *F* si son falsas, según el video.

a. Todos los países hispanohablantes tienen el mismo clima. _____

b. En Colombia y Ecuador hay grandes cadenas de montañas. _____

c. En todos los países hispanohablantes se puede practicar deportes al aire libre. _____

d. La Vuelta Ciclista a España no es una carrera muy conocida. _____

e. Una parte de la Vuelta Ciclista se hace en Francia. _____

© Pearson Education, Inc. All rights reserved.

Realidades 3

Capítulo 1

Nombre _____

Fecha _____

Hora _____

VIDEO

Actividad 16

Contesta las preguntas, según la información del video.

1. ¿En qué países hispanohablantes es igual el clima casi todo el año? Menciona dos.
   _____

2. ¿Qué son dos tipos de paisajes que puedes encontrar en los países hispanohablantes?
   _____

3. ¿Qué deportes se practican en los países hispanohablantes? Menciona cuatro.
   _____

4. ¿Quiénes compiten en la Vuelta Ciclista a España?
   _____

5. ¿Cuál es una de las partes más difíciles de la Vuelta?
   _____

Y, ¿qué más?

Actividad 17

Contesta las siguientes preguntas.

1. De los lugares que has visto en el video, ¿adónde te gustaría ir de viaje?
   _____

2. ¿Qué actividades te gustaría hacer allí?
   _____

3. Cuando eras pequeño(a), ¿qué deportes practicabas?
   _____

4. Cuenta la experiencia que tú o alguien que conoces tuvieron en una competencia deportiva.
   _____

© Pearson Education, Inc. All rights reserved.

Realidades **3**

Capítulo 2

Nombre _____

Fecha _____

Hora _____

AUDIO

Actividad 1

Un grupo de estudiantes decidió visitar un museo de arte. El guía les habló sobre las pinturas que vieron. Mientras escuchas al guía, encierra en un círculo la respuesta correcta para cada categoría en la tabla. Vas a oír cada explicación dos veces.

	El estilo	**Los colores**	**El sujeto**	**La fuente de inspiración**
Velasco	Realista Abstracto	Vivos Oscuros	Personas La vida diaria Paisajes Un evento histórico	Otros pintores La familia y los amigos La historia
Guyo	Realista Abstracto	Vivos Oscuros	Personas La vida diaria Paisajes Un evento histórico	Otros pintores La familia y los amigos La historia
El Bravo	Realista Abstracto	Vivos Oscuros	Personas La vida diaria Paisajes Un evento histórico	Otros pintores La familia y los amigos La historia
Moldini	Realista Abstracto	Vivos Oscuros	Personas La vida diaria Paisajes Un evento histórico	Otros pintores La familia y los amigos La historia

© Pearson Education, Inc. All rights reserved.

Realidades 3

Capítulo 2

Nombre

Fecha

Hora

AUDIO

Actividad 2

El año pasado, los miembros del Club de español pintaron un mural para la escuela. Ahora están hablando sobre la foto que su profesora sacó de ese proyecto. Mira el dibujo mientras escuchas las descripciones de la foto. Escribe el número de la descripción en el espacio que corresponde a cada persona. Vas a oír cada conversación dos veces.

© Pearson Education, Inc. All rights reserved.

Realidades ③

Capítulo 2

Nombre _____

Hora _____

Fecha _____

AUDIO

Actividad 3

Mucha gente tiene sueños de hacerse *(become)* famosa, pero el camino a la fama es largo y duro. Escucha a estos jóvenes mientras describen sus primeras experiencias en el mundo del arte. Después, mira los dibujos y decide qué quiere ser cada persona. Escribe el número de la persona que habla debajo del dibujo correspondiente. Vas a oír cada descripción dos veces.

_____   _____   _____   _____

Actividad 4

Ayer en su programa de entrevistas "Dime la Verdad", Lola Lozano tuvo como invitados a un grupo de actores, músicos, bailarines y poetas jóvenes. Cada uno habló de un evento que cambió su vida. Escucha los comentarios y toma apuntes sobre cada persona. Luego, en la tabla, escribe qué o quién cambió la vida de cada artista. Vas a oír cada comentario dos veces.

MIS APUNTES

Juan Luis:	
Rita:	
Mario:	
Sara:	
Tito:	

Juan Luis	
Rita	
Mario	
Sara	
Tito	

© Pearson Education, Inc. All rights reserved.

Communication Workbook

Realidades 3

Capítulo 2

Nombre _____

Hora _____

Fecha _____

AUDIO

Actividad 5

Escucha los comentarios sobre algunos eventos que ocurrieron la semana pasada en la ciudad de Madrid. Indica de qué trataba cada evento: escultura, danza, poesía, música o pintura. Después, escribe por qué fue especial cada evento. No necesitas usar frases completas. Vas a oír cada comentario dos veces.

	Tipo de evento	Fue especial porque . . .
1.	escultura danza poesía música pintura	
2.	escultura danza poesía música pintura	
3.	escultura danza poesía música pintura	
4.	escultura danza poesía música pintura	
5.	escultura danza poesía música pintura	

© Pearson Education, Inc. All rights reserved.

Nombre _____

Hora _____

Fecha _____

WRITING

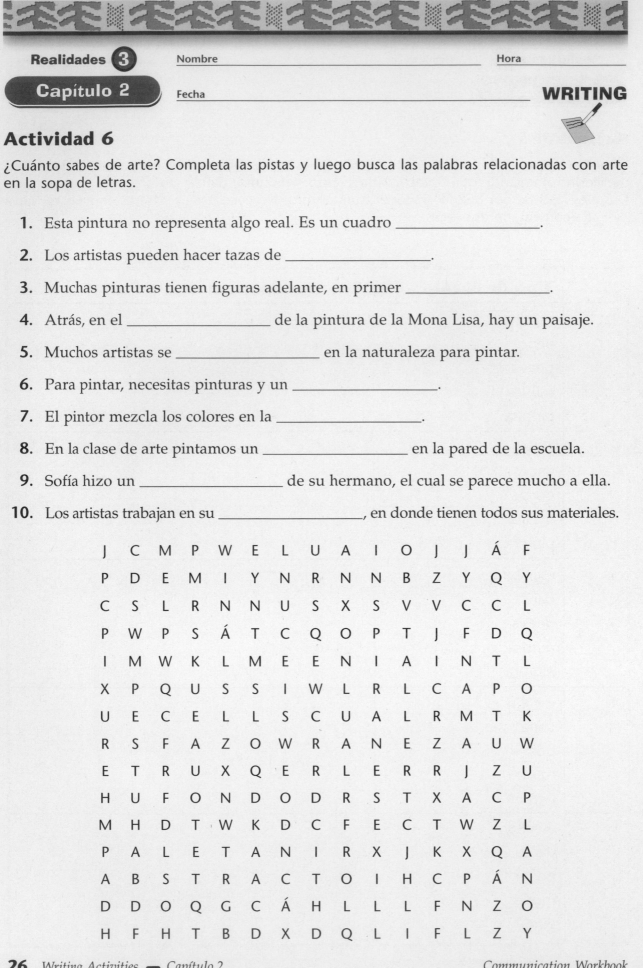

Actividad 6

¿Cuánto sabes de arte? Completa las pistas y luego busca las palabras relacionadas con arte en la sopa de letras.

1. Esta pintura no representa algo real. Es un cuadro _____.

2. Los artistas pueden hacer tazas de _____.

3. Muchas pinturas tienen figuras adelante, en primer _____.

4. Atrás, en el _____ de la pintura de la Mona Lisa, hay un paisaje.

5. Muchos artistas se _____ en la naturaleza para pintar.

6. Para pintar, necesitas pinturas y un _____.

7. El pintor mezcla los colores en la _____.

8. En la clase de arte pintamos un _____ en la pared de la escuela.

9. Sofía hizo un _____ de su hermano, el cual se parece mucho a ella.

10. Los artistas trabajan en su _____, en donde tienen todos sus materiales.

```
J  C  M  P  W  E  L  U  A  I  O  J  J  Á  F
P  D  E  M  I  Y  N  R  N  N  B  Z  Y  Q  Y
C  S  L  R  N  N  U  S  X  S  V  V  C  C  L
P  W  P  S  Á  T  C  Q  O  P  T  J  F  D  Q
I  M  W  K  L  M  E  E  N  I  A  I  N  T  L
X  P  Q  U  S  S  I  W  L  R  L  C  A  P  O
U  E  C  E  L  L  S  C  U  A  L  R  M  T  K
R  S  F  A  Z  O  W  R  A  N  E  Z  A  U  W
E  T  R  U  X  Q  E  R  L  E  R  R  J  Z  U
H  U  F  O  N  D  O  D  R  S  T  X  A  C  P
M  H  D  T  W  K  D  C  F  E  C  T  W  Z  L
P  A  L  E  T  A  N  I  R  X  J  K  X  Q  A
A  B  S  T  R  A  C  T  O  I  H  C  P  Á  N
D  D  O  Q  G  C  Á  H  L  L  L  F  N  Z  O
H  F  H  T  B  D  X  D  Q  L  I  F  L  Z  Y
```

Communication Workbook

© Pearson Education, Inc. All rights reserved.

Realidades 3

Capítulo 2

Nombre _____

Fecha _____

Hora _____

WRITING

Actividad 7

Durante el recreo, tu amigo(a) y tú cambian anécdotas e historias de su infancia *(childhood)*. Explícale algo divertido que te pasó (puede ser real o inventado).

— ¿Te pasó alguna vez algo divertido en la escuela o en otro lugar?

— _____

— ¿Con quién(es) estabas?

— _____

— ¿Cómo era el lugar?

— _____

— ¿Qué pasó después?

— _____

— ¿Qué estaban haciendo allí?

— _____

— ¿Qué fue lo más cómico?

— _____

— ¿Qué dijeron los demás?

— _____

— ¿Qué dijiste tú?

— _____

— ¿Cómo te sentías?

— _____

© Pearson Education, Inc. All rights reserved.

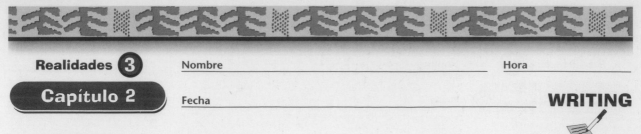

Realidades 3

Capítulo 2

Nombre _____

Fecha _____

Hora _____

WRITING

Actividad 8

Tu amigo(a) y tú están visitando un museo. Tú decides tomar apuntes para escribir un artículo para el periódico de tu escuela. Escribe frases completas que describen la escena. Usa el verbo *estar* + participio para describir lo que ves.

| Modelo | *El niño está aburrido.* |

1. _____

2. _____

3. _____

4. _____

5. _____

6. _____

7. _____

8. _____

9. _____

10. _____

© Pearson Education, Inc. All rights reserved.

Realidades 3

Capítulo 2

Nombre _____

Hora _____

Fecha _____

WRITING

Actividad 9

Ahora que aprendiste tantas cosas sobre arte, ¡podrías escribir un artículo! Inventa un artista y escribe un artículo sobre él o ella.

A. Primero, contesta las preguntas.

1. ¿Cómo se llama el (la) artista?

_____

2. ¿Dónde y cuándo nació?

_____

3. ¿Cuál es su actividad artística?

_____

4. ¿Cómo se llama su obra más conocida?

_____

5. Describe la obra.

_____

_____

_____

B. Ahora, usa tus respuestas para escribir un artículo.

Artículo de arte sobre _____

_____

_____

_____

_____

_____

_____

_____

_____

_____

_____

© Pearson Education, Inc. All rights reserved.

Nombre _____

Hora _____

Fecha _____

WRITING

Actividad 10

La Feria de las Artes no ha tenido éxito. ¿Sabes por qué? ¡Porque faltan cosas! Describe lo que falta en cada caso. Luego responde la pregunta.

1. _A la vendedora le faltan las entradas._ _____

2. _____

3. _____

4. _____

5. _____

6. _____

7. _____

8. ¿Qué más te gustaría ver en esta feria? _____

_____

_____

© Pearson Education, Inc. All rights reserved.

Communication Workbook

WRITING

Actividad 11

Tu escuela organiza un espectáculo de poesía, música y danza, y tú tienes que escribir los pies de foto para el periódico de la escuela. Observa cada foto y describe la escena en dos frases completas.

1. _____

_____

_____

2. _____

_____

_____

3. _____

_____

_____

4. _____

_____

_____

5. _____

_____

_____

6. _____

_____

_____

© Pearson Education, Inc. All rights reserved.

Realidades 3

Capítulo 2

Nombre _____

Fecha _____

Hora _____

WRITING

Actividad 12

Un(a) amigo(a) y tú están conversando sobre el espectáculo de música y baile de la escuela. Escribe un diálogo entre Uds. dos sobre lo que ven. Usa cada uno de los verbos del recuadro dos veces: una vez en pretérito y otra vez en imperfecto.

— Yo no sabía que el concierto empezaba tan tarde . . .
— Yo lo supe ayer.

Modelo

saber	querer
poder	conocer

_____

_____

_____

_____

_____

_____

_____

_____

_____

_____

_____

_____

© Pearson Education, Inc. All rights reserved.

Realidades 3

Capítulo 2

Nombre _____

Fecha _____

Hora _____

WRITING

Actividad 13

El espectáculo de tu escuela fue un éxito y ahora tienes que escribir tres noticias para el periódico de tu comunidad sobre lo que ocurrió. Completa las noticias que acompañan cada fotografía.

Gran éxito de la semana cultural

¡La actuación de Los Ritmos del Caribe fue espectacular!

El grupo de baile de la escuela realizó...

La obra de teatro "¿Dónde estás, Susana?" recibió un gran aplauso.

© Pearson Education, Inc. All rights reserved.

Realidades 3

Capítulo 2

Nombre

Fecha

Hora

VIDEO

Antes de ver el video

Actividad 14

Menciona cinco artistas hispanoamericanos que conozcas. Completa la tabla con una obra conocida de cada uno.

ARTISTA	OBRA

¿Comprendes?

Actividad 15

Según lo que viste en el video, empareja cada artista con las palabras/frases que le refiera(n).

_____ 1. Isabel Allende

_____ 2. Diego Rivera

_____ 3. Gabriel García Márquez

_____ 4. Juanito Pascual

_____ 5. Fernanda Cajide

a. muralista

b. una autora chilena

c. su arte le permite expresar todas las emociones de la vida

d. su obra, *El amor en los tiempos del cólera,* es bien conocida por todo el mundo

e. su arte se asocia con Argentina

© Pearson Education, Inc. All rights reserved.

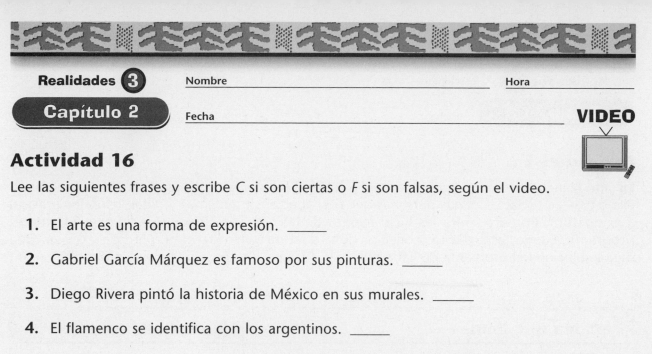

Realidades 3

Capítulo 2

Nombre _____

Fecha _____

Hora _____

VIDEO

Actividad 16

Lee las siguientes frases y escribe *C* si son ciertas o *F* si son falsas, según el video.

1. El arte es una forma de expresión. _____

2. Gabriel García Márquez es famoso por sus pinturas. _____

3. Diego Rivera pintó la historia de México en sus murales. _____

4. El flamenco se identifica con los argentinos. _____

5. Los elementos más importantes del flamenco son el canto, el baile y el toque. _____

6. El tango es un baile argentino. _____

Y, ¿qué más?

Actividad 17

Contesta las siguientes preguntas.

1. ¿Cuál es tu artista favorito(a)?

   _____

2. ¿Qué tipo de arte hace?

   _____

3. Menciona alguna de sus obras más conocidas.

   _____

   _____

4. Describe una de sus obras para alguien que no la conozca.

   _____

   _____

   _____

© Pearson Education, Inc. All rights reserved.

Realidades 3

Capítulo 3

Nombre _____

Fecha _____

Hora _____

AUDIO

Actividad 1

La Dra. Blanco tiene un programa de radio sobre la salud y la nutrición. Durante el programa, ella recibe llamadas de varias personas que describen sus problemas y piden consejos *(advice)* a la doctora. Primero, mira las ilustraciones de las cinco personas que llaman durante el programa. Luego, escucha los consejos de la doctora y escribe el número del consejo que mejor soluciona el problema de cada persona. Vas a oír los consejos de la doctora dos veces.

Persona que llama	Número del consejo
Mario:	
Elena:	
Luis:	
Gregorio:	
Marta:	

© Pearson Education, Inc. All rights reserved.

Communication Workbook

Realidades 3

Capítulo 3

Nombre _____

Hora _____

Fecha _____

AUDIO

Actividad 2

Manuel está trabajando en la oficina de la enfermera, ayudándola con los pacientes que vienen para pedirle ayuda y consejos. Escucha los comentarios de Manuel. Luego, encierra en un círculo el consejo que le da a cada persona. Vas a oír cada grupo de comentarios dos veces.

Persona	Consejo
Sra. Gómez	quédese parada / tome estas aspirinas / evite la comida basura
Roberto	come mucho / toma un jarabe / haz dieta
Sr. Barros	compre un termómetro / tome estos antibióticos / evite la comida basura
Laura	toma una aspirina / tómate la temperatura / toma un jarabe
Luis	evita la comida basura / salta una comida / come cuatro veces al día
Sra. Noriega	tome dos aspirinas / no tome este jarabe / no tome antibióticos

Actividad 3

Amalia acaba de pasar un mes muy activo porque decidió ponerse en forma. Escucha la conversación que tiene con su amiga Carla. Luego, escoge la actividad que hizo Amalia cada semana del mes, y el consejo que le dio Carla. Escribe el número de la actividad y la letra del consejo en la tabla al lado de la semana que corresponde. No todas las respuestas se usan. Vas a oír la conversación dos veces.

Lo que hizo Amalia	El consejo de Carla
1. Hizo ejercicios aeróbicos.	a. estirarse para evitar calambres
2. Preparó una dieta nutritiva.	b. respirar por la nariz
3. Hizo flexiones.	c. beber mucha agua
4. Nadó en la piscina.	d. concentrarse en no perder el equilibrio
5. Hizo yoga.	e. saltar una comida

Semana	Lo que hizo Amalia	El consejo de Carla
primera		
segunda		
tercera		
última		

© Pearson Education, Inc. All rights reserved.

Realidades 3

Capítulo 3

Nombre _____

Hora _____

Fecha _____

AUDIO

Actividad 4

El padre de Carlos es médico y muchos de sus pacientes lo llaman a la casa para pedir consejos. Carlos tiene quince años y quiere ser médico un día. Cuando su papá no está, Carlos contesta el teléfono porque le gusta dar sus propios consejos a los clientes. ¡El problema es que a veces los consejos de Carlos no son muy buenos o muy lógicos! Vas a escuchar tres conversaciones. Primero, escribe por lo menos un síntoma de cada persona en la tabla. No hay que escribir frases completas. Luego, escucha el consejo de Carlos e indica si es lógico o ilógico. Vas a oír cada conversación dos veces.

Persona	Síntoma	Consejo de Carlos
La Srta. Candelaria		lógico / ilógico
El Sr. Reyes		lógico / ilógico
La Sra. Mendoza		lógico / ilógico

© Pearson Education, Inc. All rights reserved.

Actividad 5

Vas a oír comentarios de cuatro personas que están preocupadas por unos jóvenes que conocen. Mira los dibujos. Luego, mientras escuchas los comentarios, escoge lo que necesita cada persona y escribe su nombre al lado del dibujo correspondiente. Vas a oír cada comentario dos veces.

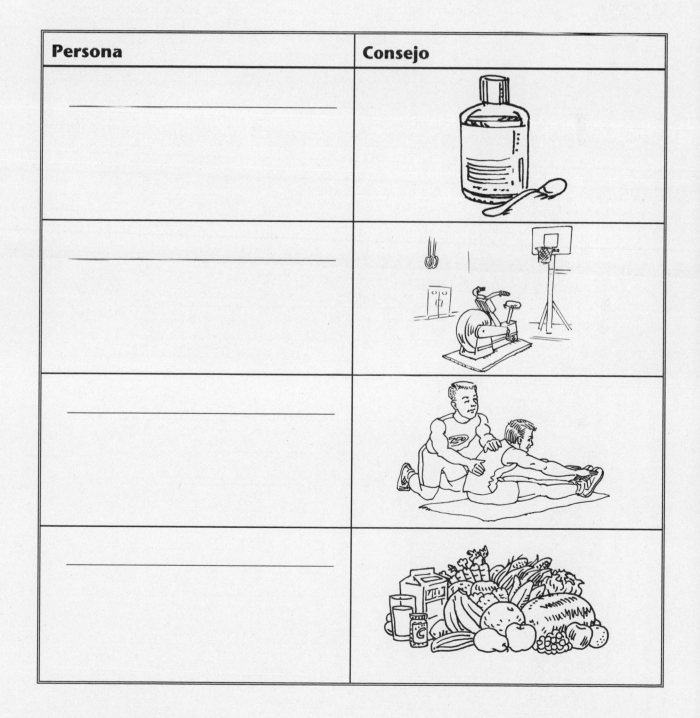

Persona	**Consejo**
_____	
_____	
_____	
_____	

© Pearson Education, Inc. All rights reserved.

Realidades 3

Capítulo 3

Nombre _____

Hora _____

Fecha _____

WRITING

Actividad 6

¿Qué haces cuando no te sientes bien? Mira las ilustraciones y di qué tiene que hacer la gente en cada situación o cuándo se usa cada medicamento.

Modelo

Las personas deben evitar la comida basura. No es una alimentación saludable. Las personas deben seguir una dieta balanceada.

1.

_____

_____

_____

2.

_____

_____

_____

3.

_____

_____

_____

4.

_____

_____

_____

5.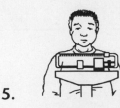

_____

_____

_____

6.

_____

_____

_____

Communication Workbook

© Pearson Education, Inc. All rights reserved.

Realidades 3

Capítulo 3

Nombre _____

Fecha _____

Hora _____

WRITING

Actividad 7

Trabajas en un sitio web de salud. Lee los correos electrónicos que han mandado dos de tus lectores y contéstales, dándoles tus consejos.

Modelo   Me duele la cabeza. Duermo sólo cinco horas diarias y estoy muy cansado.

Toma una aspirina y duerme más.

No sé qué me pasa. Creo que tengo fiebre y ¡no paro de estornudar! Además, me duele el oído. ¿Qué tengo que hacer?

Enferma y cansada

_____

_____

_____

_____

_____

Estoy preocupado por mi dieta. Hoy he comido mucho y estoy muy lleno. ¡Estaba muy aburrido! Quiero tener una dieta saludable y también tener los huesos fuertes. ¿Qué me aconsejas?

Deportista de sofá

_____

_____

_____

_____

_____

© Pearson Education, Inc. All rights reserved.

Realidades 3

Capítulo 3

Nombre _____

Fecha _____

Hora _____

WRITING

Actividad 8

Tienes un(a) amigo(a) que nunca hace las cosas bien. Escríbele una carta explicándole las cosas que NO debe hacer para estar saludable.

| Modelo | *Para perder peso ¡no te saltes una comida!* |

Hola _____:

Para estar saludable . . .

_____

_____

_____

_____

_____

_____

_____

_____

_____

_____

_____

_____

_____

_____

¡Buena suerte!

_____

© Pearson Education, Inc. All rights reserved.

Realidades 3

Capítulo 3

Nombre _____

Fecha _____

Hora _____

WRITING

Actividad 9

Imagina que eres un(a) doctor(a). Escribe en la receta un párrafo corto para aconsejar a cada paciente.

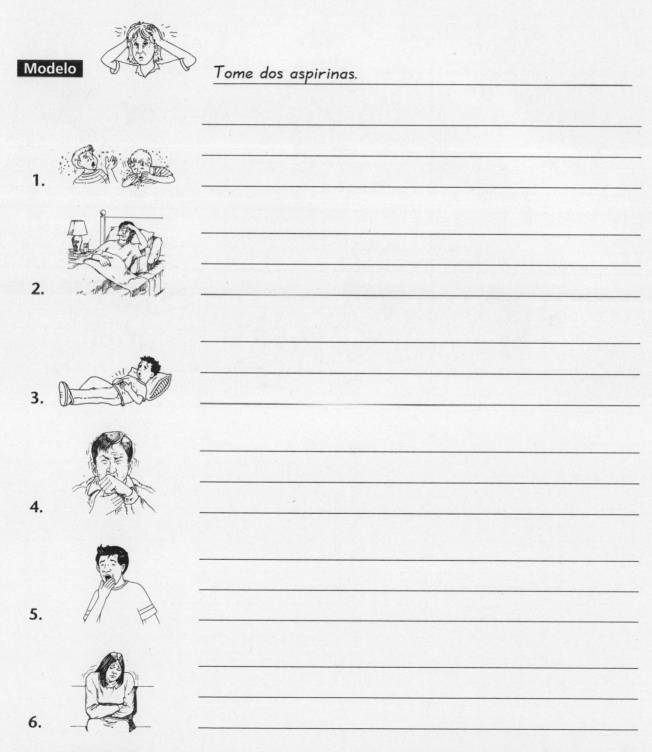

Modelo   *Tome dos aspirinas.* _____

1. _____
   _____

2. _____
   _____
   _____

3. _____
   _____
   _____

4. _____
   _____
   _____

5. _____
   _____
   _____

6. _____
   _____

© Pearson Education, Inc. All rights reserved.

Realidades 3

Capítulo 3

Nombre _____

Fecha _____

Hora _____

WRITING

Actividad 10

Sara quiere prepararse bien para correr el maratón de su ciudad. Mira las ilustraciones y escribe un párrafo corto para describir su horario de entrenamiento.

_____

_____

_____

_____

_____

_____

_____

_____

_____

_____

© Pearson Education, Inc. All rights reserved.

Realidades 3

Capítulo 3

Nombre _____

Fecha _____

Hora _____

WRITING

Actividad 11

Estás diseñando un programa de computadoras que ayuda a la gente a vivir mejor. Escribe las respuestas que da el entrenador electrónico, "Trey Nerr", a las preguntas que le hacen diferentes personas.

Modelo ¿Cómo debe respirar Selena cuando hace ejercicios?

Trey Nerr le aconseja que respire profundamente y
le dice que respire por la nariz y por la boca.

1. ¿Qué puede hacer Andrés para no estar estresado?

   _____

   _____

2. Yo me caigo del sueño. ¿Qué hago?

   _____

   _____

3. María quiere ser más fuerte. ¿Qué ejercicios debe hacer?

   _____

   _____

4. Mis hermanos siempre están de mal humor. ¿Qué deben hacer?

   _____

   _____

5. Joaquín y Filomena quieren mejorar sus hábitos alimenticios. ¿Qué deben comer?

   _____

   _____

6. Pilar quiere correr un maratón. ¿Cómo debe prepararse?

   _____

   _____

© Pearson Education, Inc. All rights reserved.

Realidades 3

Capítulo 3

Nombre _____

Fecha _____

Hora _____

WRITING

Actividad 12

Ahora, tú eres el (la) entrenador(a). Escribe tres cosas que le recomiendas a cada estudiante, según el dibujo.

Modelo

A Sandra le digo que no salte comidas.
También le recomiendo que siga una dieta
equilibrada y que corra todos los días.

1. _____
   _____
   _____
   _____

2. _____
   _____
   _____
   _____

3. _____
   _____
   _____
   _____

4. _____
   _____
   _____
   _____

Communication Workbook

© Pearson Education, Inc. All rights reserved.

Realidades **3**

Capítulo 3

Nombre

Fecha

Hora

WRITING

Actividad 13

A. Escribes la columna de consejos en el periódico de tu escuela. Primero haz una lista de consejos sobre cómo llevar una vida saludable.

1. _____

2. _____

3. _____

4. _____

B. Ahora, escribe un artículo usando la lista que hiciste en la Parte A.

© Pearson Education, Inc. All rights reserved.

Antes de ver el video

Actividad 14

Numera del 1 al 6, en orden de importancia para ti, los siguientes aspectos de la vida saludable.

1. Tener una dieta equilibrada _____

2. Estar en forma _____

3. Comer rápidamente _____

4. Hacer ejercicio _____

5. Hacer yoga o meditar _____

6. Tomar muchas medicinas _____

¿Comprendes?

Actividad 15

Según lo que viste en el video, escribe dos tratamientos de medicina convencional y otros dos de medicina natural en América Latina.

Medicina convencional

1. _____

2. _____

Medicina alternativa

1. _____

2. _____

© Pearson Education, Inc. All rights reserved.

Nombre

Hora

Fecha

VIDEO

Actividad 16

Según la información del video, elige la opción correcta para completar cada frase.

1. La rapidez con que vivimos es la causa principal de
   a. nuestros hábitos.   **b.** el estrés.

2. Se puede reducir el estrés
   a. cambiando los hábitos alimenticios.   **b.** tomando jarabes y aspirinas.

3. Ir al gimnasio es muy beneficioso
   a. para el corazón.   **b.** para el yoga.

4. Con exámenes de rutina se puede
   a. reducir el estrés.   **b.** prevenir las enfermedades.

5. Las medicinas homeopáticas se preparan
   a. con elementos de la naturaleza.   **b.** con meditación.

Y, ¿qué más?

Actividad 17

Contesta las siguientes preguntas.

1. ¿Crees que tu estilo de vida es saludable? ¿Por qué?

   _____

   _____

2. ¿Qué haces para estar en forma?

   _____

   _____

3. ¿Cómo evitas el estrés?

   _____

   _____

4. ¿Piensas que tus hábitos alimenticios son saludables? ¿Por qué?

   _____

   _____

© Pearson Education, Inc. All rights reserved.

Realidades ③

Capítulo 4

Nombre _____

Fecha _____

Hora _____

AUDIO

Actividad 1

Vas a escuchar los comentarios de cinco amigos. Mientras escuchas, escoge una de las características de la caja y escríbela al lado de la persona a quien mejor describe. Sólo vas a usar *cinco* características. Vas a oír los comentarios de cada persona dos veces.

celoso(a)	chismoso(a)	comprensivo(a)
egoísta	honesto(a)	vanidoso(a)

Persona	Característica
Luisa	
Marcos	
Rebeca	
Julio	
Sara	

Actividad 2

¡Gregorio siempre cree que tiene razón! Escucha sus comentarios sobre las relaciones personales. Decide si su opinión es lógica o ilógica e indícalo en la siguiente tabla. Vas a oír sus comentarios dos veces.

Opinión	¿Lógica o ilógica?
1.	lógica / ilógica
2.	lógica / ilógica
3.	lógica / ilógica
4.	lógica / ilógica
5.	lógica / ilógica

© Pearson Education, Inc. All rights reserved.

Realidades 3

Capítulo 4

Nombre _____

Fecha _____

Hora _____

AUDIO

Actividad 3

Vas a escuchar cinco conversaciones breves. Mientras escuchas, escoge el dibujo que mejor representa cada conversación y escribe el número de la conversación al lado del dibujo. Solamente vas a escribir los números de *cuatro* de las cinco conversaciones. Vas a oír cada conversación dos veces.

_____

_____

_____

_____

© Pearson Education, Inc. All rights reserved.

Realidades 3

Capítulo 4

Nombre _____

Fecha _____

Hora _____

AUDIO

Actividad 4

Hoy Enrique tiene varios problemas. Escucha mientras él cuenta sus problema a unos amigos. Después de oír cada problema, escoge la letra de la respuesta del amigo o de la amiga que mejor corresponde a lo que dijo Enrique. Vas a oír cada problema de Enrique dos veces.

_____ **1.** Leticia le responde . . .

    a. Bueno, reconciliémonos ahora, ¿de acuerdo?

    b. Vamos a hablar con Luis. ¿Está bien?

    c. Critiquemos a Luis.

_____ **2.** Teresa le responde . . .

    a. Hablemos con Guillermo para decirle que estás enojado.

    b. Felicitemos a Guillermo.

    c. Vamos a pedirle perdón a Guillermo.

_____ **3.** Alfredo le responde . . .

    a. Sí, hagamos las paces.

    b. No vamos a pedirle perdón a él.

    c. No hagamos caso a sus acusaciones.

_____ **4.** Fernando le responde . . .

    a. Pidámosle perdón al Sr. Sánchez mañana, ¿de acuerdo?

    b. Sí, resolvamos el conflicto ahora.

    c. Mira, colaboremos para hacer la tarea. ¿Te parece?

© Pearson Education, Inc. All rights reserved.

Realidades ❸

Capítulo 4

Nombre _____

Fecha _____

Hora _____

AUDIO

Actividad 5

Las siguientes cuatro tarjetas expresan sentimientos apropiados para varias ocasiones. Vas a escuchar cinco conversaciones breves. Para cada conversación, escoge la tarjeta que mejor corresponde a la conversación. Escribe el número de conversación al lado de la tarjeta apropiada. Solamente vas a escribir *cuatro* números. Vas a oír cada conversación dos veces.

© Pearson Education, Inc. All rights reserved.

Realidades 3

Capítulo 4

Nombre _____

Fecha _____

Hora _____

WRITING

Actividad 6

Observa las ilustraciones y escribe la letra de la palabra que describe a cada una. Después escribe una frase para describir qué pasa en cada ilustración.

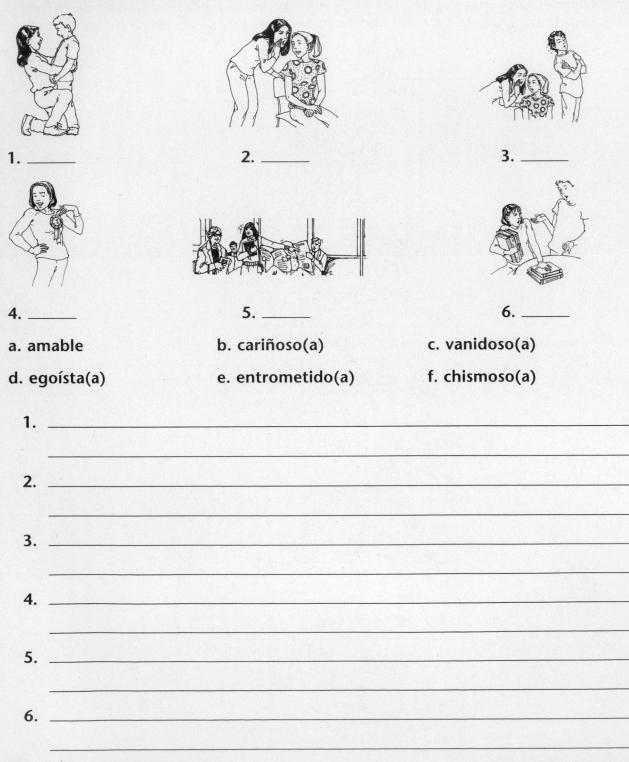

1. _____

2. _____

3. _____

4. _____

5. _____

6. _____

a. amable

b. cariñoso(a)

c. vanidoso(a)

d. egoísta(a)

e. entrometido(a)

f. chismoso(a)

1. _____
   _____

2. _____
   _____

3. _____
   _____

4. _____
   _____

5. _____
   _____

6. _____
   _____

© Pearson Education, Inc. All rights reserved.

Realidades 3

Capítulo 4

Nombre _____

Fecha _____

Hora _____

WRITING

Actividad 7

Eres un(a) consejero(a) sentimental *(advice columnist)* de una revista. Escribe algunas frases para cada una de las distintas situaciones, expresando tus deseos sobre cada una.

Modelo	Últimamente, me peleo mucho con mi amiga.

Ojalá que se lleven mejor muy pronto.

Espero que Uds. dejen de pelearse tanto.

1. Mi hermana y yo éramos antes muy amigas, pero ya no nos hablamos tanto.

   _____

   _____

2. Mis padres no me entienden.

   _____

   _____

3. Mi amiga no guarda mis secretos.

   _____

   _____

4. Quiero pasar más tiempo con mis amigos, pero es difícil.

   _____

   _____

5. Necesito un consejo sobre cómo llevarme bien con mi familia.

   _____

   _____

6. Tengo muchos celos de mi amiga Celia.

   _____

   _____

© Pearson Education, Inc. All rights reserved.

Realidades 3

Capítulo 4

Nombre _____

Fecha _____

Hora _____

WRITING

Actividad 8

Tu hermanito pequeño tiene siempre muchas preguntas. Escribe una frase para contestar cada una, usando la preposición *por o para*.

Modelo   ¿Qué vas a cambiar en la tienda?

Voy a cambiar este libro por un disco compacto.

1. ¿Adónde fuiste después de la escuela?

   _____

   _____

2. ¿Por qué te peleaste con Luis?

   _____

   _____

3. ¿Hablaste con Felipe?

   _____

   _____

4. ¿Qué hiciste ayer?

   _____

   _____

5. ¿Cuánto tiempo estudiaste para el examen?

   _____

   _____

6. ¿Cuándo tienes que terminar la tarea?

   _____

   _____

© Pearson Education, Inc. All rights reserved.

Realidades 3

Capítulo 4

Nombre _____

Fecha _____

Hora _____

WRITING

Actividad 9

Tienes algunos problemas con uno(a) de tus amigos(as).

A. Primero, haz una lista de cinco cosas que no funcionan de su amistad. Usa las expresiones del recuadro.

me gusta	me preocupa	me alegra
ojalá que	siento que	es bueno que
temo que	tengo miedo de que	

1. _____

2. _____

3. _____

4. _____

5. _____

B. Ahora, usando la lista de la Parte A, escribe una carta a tu amigo(a).

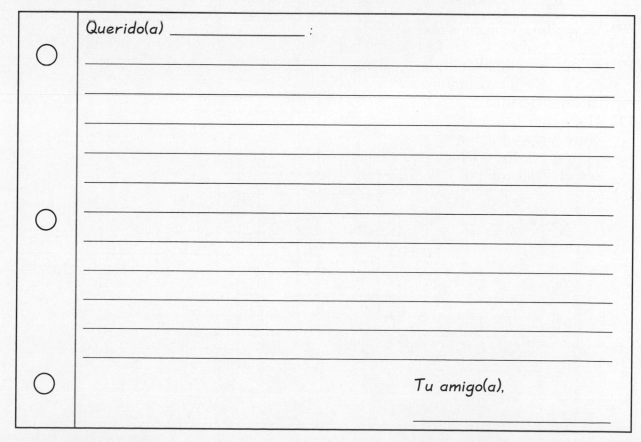

Querido(a) _____ :

_____

_____

_____

_____

_____

_____

_____

_____

_____

Tu amigo(a),

_____

© Pearson Education, Inc. All rights reserved.

Realidades 3

Capítulo 4

Nombre _____

Fecha _____

Hora _____

WRITING

Actividad 10

Completa las frases y usa la palabra o expresión para llenar el crucigrama de abajo.

Horizontal

1. Fernando se pone muy nervioso; él tiene que aprender a _____ con más tranquilidad cuando hay un problema.

3. Cuando todo el mundo se lleva bien, hay _____.

6. Pepa y Lorenzo no han podido resolver su _____: ella quiere vivir en Argentina y él quiere volver a Chile.

7. Carla guarda un _____ importante y no se lo quiere contar a nadie.

8. Después de una pelea, los buenos amigos tienen que _____.

9. Lo perdoné e hicimos las _____.

10. Es importante saber _____ las opiniones de otras personas.

11. Hubo una _____ entre Jorge y Ramón porque los dos querían ser jefes del equipo.

Vertical

2. No entiendo tu extraño comportamiento; tienes que darme una _____.

4. En un buen trabajo de equipo, todos tienen que _____ para alcanzar la meta.

5. Aunque está nerviosa, Mona tiene que _____ a ir a hablar con la directora de la escuela.

6. Bertín se cree perfecto y le gusta _____ a las demás personas.

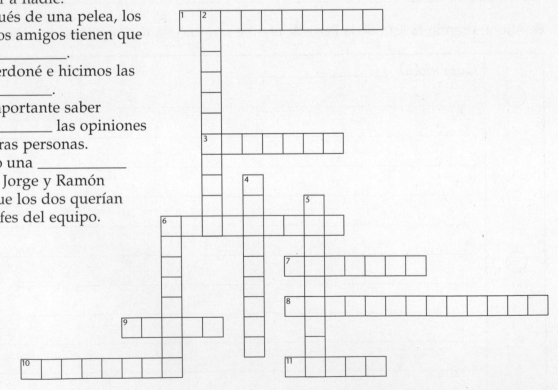

© Pearson Education, Inc. All rights reserved.

Actividad 11

¿Qué podemos hacer para mejorar las relaciones personales en nuestra sociedad? Lee lo que sugieren las personas de abajo en un salón de chat. Luego, participa escribiendo tus sugerencias de cosas que todos pueden hacer.

| Modelo | Laura cree que no hay que criticar. |

No critiquemos a todo el mundo.

1. Pedro piensa que hay que saber perdonar.

   _____

2. Sandra opina que es importante ponerse de acuerdo.

   _____

3. Emilio cree que es bueno hacer las paces después de una pelea.

   _____

4. Alicia dice que no hay que acusar sin razón.

   _____

5. Javier opina que es importante saber reaccionar ante los problemas.

   _____

6. Vicky cree que hay que evitar pensar en sí mismo(a).

   _____

7. Tomás piensa que hay que colaborar y ayudar a los demás.

   _____

8. Yo creo que hay que mejorar nuestra sociedad.

   _____

© Pearson Education, Inc. All rights reserved.

Realidades 3

Capítulo 4

Nombre _____

Fecha _____

Hora _____

WRITING

Actividad 12

¿Cómo es tu vida? Describe tu familia, tus amigos y el lugar donde vives. Puedes usar personas y lugares imaginarios. Contesta las preguntas de abajo.

Modelo   ¿Dónde está tu casa?
La mía está en la ciudad.

1. ¿Dónde viven tus hermanos?

_____

2. ¿Cómo es el coche de tu familia? ¿Y el de tus amigos?

_____

3. ¿Cómo se llama la novia de tu hermano o amigo?

_____

4. ¿Cómo es tu casa?

_____

5. ¿Cómo son tus amigos?

_____

6. ¿Cómo se llevan tus vecinos?

_____

7. ¿Qué quiere tu familia que hagas en el futuro?

_____

8. ¿Es importante para ti tu relación familiar?

_____

© Pearson Education, Inc. All rights reserved.

Realidades 3

Capítulo 4

Nombre _____

Hora _____

Fecha _____

WRITING

Actividad 13

Eres el (la) escritor(a) de una telenovela latinoamericana. Para el episodio de hoy, tienes que escribir un diálogo entre tres personajes. Dos de los personajes son hermanos que se pelean por la misma chica. Ella quiere que hagan las paces. Escribe el guión *(screenplay)*. Puedes usar las palabras y expresiones del recuadro. Sigue las indicaciones del guión.

colaborar	pelearse	hacer las paces
reconciliarse	estar	equivocado(a)
criticar	acusar	ignorar
tener razón	tener la culpa	¡Qué va!
¡Yo no fui!	atreverse	conflicto
pensar en sí mismo	pedir perdón	

Todo por amor

Episodio 107: La pelea

Hermano 1: _____

Chica: _____

Hermano 2: _____

Chica: _____

Hermano 1: _____

Hermano 2: _____

Hermano 1: _____

Hermano 2: _____

Chica: _____

Hermano 1: _____

Chica: _____

Hermano 2: _____

Chica: _____

© Pearson Education, Inc. All rights reserved.

Realidades 3

Capítulo 4

Nombre _____

Fecha _____

Hora _____

VIDEO

Antes de ver el video
Actividad 14

Contesta las siguientes preguntas personales. Si quieres, puedes usar tu imaginación.

1. ¿De dónde son tus padres?

_____

_____

2. ¿Cómo es tu familia?

_____

_____

3. ¿Cuántos hermanos tienes?

_____

_____

4. ¿Cómo te llevas con tu familia?

_____

_____

5. ¿Qué actividades te gusta hacer con ellos?

_____

_____

¿Comprendes?
Actividad 15

Lee las siguientes frases y escribe *C* si son ciertas o *F* si son falsas, según el video.

1. Andrés y Lina tienen una buena relación con sus padres. _____

2. La relación entre los hermanos no es muy buena. _____

3. A veces, Andrés y Lina tienen conflictos por la música. _____

4. Andrés piensa que Lina es vanidosa. _____

5. Lina prefiere hablar de sus problemas con su padre. _____

6. Lina y Andrés no se pelean nunca. _____

© Pearson Education, Inc. All rights reserved.

Communication Workbook

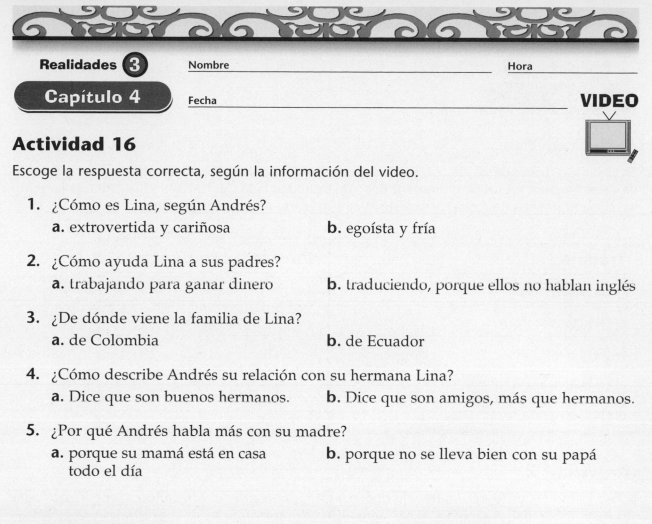

Realidades 3

Capítulo 4

Nombre _____

Fecha _____

Hora _____

VIDEO

Actividad 16

Escoge la respuesta correcta, según la información del video.

1. ¿Cómo es Lina, según Andrés?

    a. extrovertida y cariñosa   **b.** egoísta y fría

2. ¿Cómo ayuda Lina a sus padres?

    a. trabajando para ganar dinero   **b.** traduciendo, porque ellos no hablan inglés

3. ¿De dónde viene la familia de Lina?

    a. de Colombia   **b.** de Ecuador

4. ¿Cómo describe Andrés su relación con su hermana Lina?

    a. Dice que son buenos hermanos.   **b.** Dice que son amigos, más que hermanos.

5. ¿Por qué Andrés habla más con su madre?

    a. porque su mamá está en casa todo el día   **b.** porque no se lleva bien con su papá

Y, ¿qué más?

Actividad 17

1. ¿Con cuál de los comentarios del video te identificas más? ¿Por qué?

_____

_____

2. Cuando tienes problemas, ¿a quién se los cuentas? ¿Por qué?

_____

_____

3. ¿Quién te confía a ti sus secretos?

_____

_____

4. ¿Cuál consideras que es la relación más importante de tu vida?

_____

_____

© Pearson Education, Inc. All rights reserved.

Realidades **3**

Capítulo 5

Nombre _____ Hora _____

Fecha _____

AUDIO

Actividad 1

Escucha los comentarios de seis personas que describen su empleo. Decide cuál es el trabajo de cada persona y escribe el número del comentario al lado del trabajo en la tabla. Solamente vas a escribir *cinco* de los seis números. Vas a oír cada comentario dos veces.

Trabajo	Número de comentario
el (la) cliente(a)	
el (la) mensajero(a)	
el (la) recepcionista	
el (la) dueño(a)	
el (la) salvavida	

Actividad 2

Javier acaba de conseguir un trabajo nuevo y está un poco nervioso. Quiere cumplir con todas sus responsabilidades rápida y eficazmente. Escucha mientras Javier contesta las preguntas de su supervisora sobre lo que ha hecho esta mañana. Mientras escuchas, escribe los números del uno al cinco al lado de los dibujos para indicar el orden de las actividades. Vas a oír la conversación dos veces.

© Pearson Education, Inc. All rights reserved.

Communication Workbook

Actividad 3

Los miembros del Club de Voluntarios están buscando oportunidades para trabajar en su comunidad. Durante una reunión reciente, ellos escucharon por la radio una lista de cuatro trabajos voluntarios. Escucha la lista y mira el dibujo para observar las habilidades de cada persona. Escoge la persona perfecta para cada trabajo y escribe el número del trabajo al lado de esta persona. Vas a oír cada trabajo de la lista dos veces.

© Pearson Education, Inc. All rights reserved.

Realidades 3

Capítulo 5

Nombre _____

Fecha _____

Hora _____

AUDIO

Actividad 4

Raúl y Juana trabajan en el centro de la comunidad. El centro acaba de recibir muchas donaciones de cosas usadas y ellos están organizando todo. Mira las mesas con las cosas donadas y escucha sus comentarios. Pon un círculo en cada cosa que ellos mencionan, prestando atención al uso de los adjetivos y pronombres demostrativos. Vas a oír cada comentario dos veces.

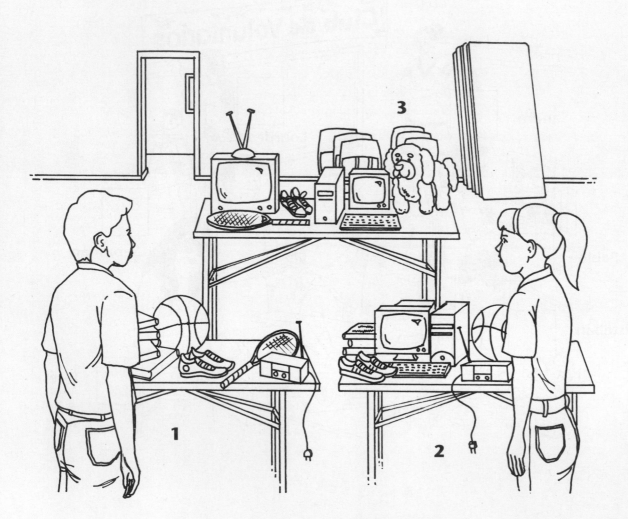

© Pearson Education, Inc. All rights reserved.

Nombre _____ Hora _____

Fecha _____

AUDIO

Actividad 5

Empiezan las elecciones presidenciales para el centro de estudiantes del Colegio Central. Vas a escuchar a tres candidatos hablar sobre sus experiencias, sus cualidades personales y sus habilidades y conocimientos. Escucha los comentarios de los candidatos y, en la siguiente tabla, marca con una X las cosas que menciona cada uno. Vas a oír los comentarios dos veces.

Candidato(a)	Experiencias	Cualidades personales	Habilidades y conocimientos
Marcos Mérida	_____ repartidor _____ niñero _____ mensajero	_____ dedicado _____ puntual _____ responsable	_____ computación _____ juntar fondos _____ construir casas
Julia Jiménez	_____ recepcionista _____ niñera _____ gerente	_____ justa _____ dedicada _____ comprensiva	_____ solicitar donaciones _____ sembrar nuevas ideas _____ educar a los niños sin hogar
Susana Suárez	_____ salvavida _____ voluntaria _____ consejera	_____ flexible _____ responsable _____ amable	_____ organizar marchas _____ hacer una entrevista _____ encargarse de una campaña electoral

© Pearson Education, Inc. All rights reserved.

Realidades **3**

Capítulo 5

Nombre _____

Hora _____

Fecha _____

WRITING

Actividad 6

A. ¿Tienes las cualidades necesarias para ser un(a) buen(a) empleado(a)? Lee las pistas para completar las palabras.

1. Una persona con quien la gente se lleva bien es

   __ __ __ __ __ __ __ __ __ .
   ___7___ ___9___

2. Alguien que siempre llega a tiempo es __ __ __ __ __ __ __ .
   ___5___ ___4___

3. Una persona que se adapta fácilmente es __ __ __ __ __ __ __ __ .

4. Alguien que trabaja mucho y se interesa por su trabajo es

   __ __ __ __ __ __ __ __ .
   ___10___

5. Una persona que trata bien a los demás es __ __ __ __ __ __ .
   ___2___ ___1___

6. Alguien que trabaja seriamente y con dedicación es

   __ __ __ __ __ __ __ __ __ __ .
   ___6___   ___3___ ___8___

B. Ahora, ordena las letras numeradas para hallar la frase secreta.

Frase secreta

__ __ __ __ __ __ __ __ __ __ __
 1   2   3   4   5   4   6   7   8   9   10

C. Finalmente, escribe un párrafo corto, explicando cuáles son las tres cualidades más importantes de un buen empleado y por qué.

_____

_____

_____

_____

_____

_____

_____

© Pearson Education, Inc. All rights reserved.

Realidades 3

Capítulo 5

Nombre _____

Fecha _____

Hora _____

WRITING

Actividad 7

Imagina que trabajas en una agencia de empleo. Mira las ilustraciones y escribe dos frases para decir qué han hecho anteriormente *(previously)* cada una de las siguientes personas.

Modelo Mario *Mario ha sido salvavida.*
Él cuidaba a la gente en la piscina.

1. Jorge y Ana _____

2. Trini _____

3. tú _____

4. ustedes _____

5. yo _____

6. todos _____

© Pearson Education, Inc. All rights reserved.

Realidades 3

Capítulo 5

Nombre _____

Hora _____

Fecha _____

WRITING

Actividad 8

El director de la agencia de empleo te pregunta lo que habían hecho cuatro de tus amigos antes de venir a la agencia. Haz una lista de cuatro amigos. Debajo de cada nombre, escribe algunas cosas que les gusta hacer o algún trabajo que hayan tenido. Luego escribe dos o tres frases para describir lo que hacían.

Modelo

Lola.

Fue salvavida.

Lola había trabajado como salvavida durante dos años. Ella se había
encargado de cuidar a los niños mientras nadaban en la piscina.

1. Nombre: _____

   _____

   _____

   _____

2. Nombre: _____

   _____

   _____

   _____

3. Nombre: _____

   _____

   _____

   _____

4. Nombre: _____

   _____

   _____

   _____

© Pearson Education, Inc. All rights reserved.

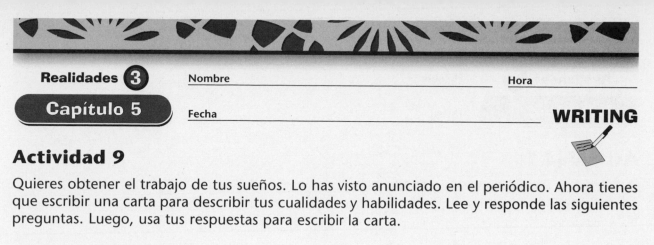

Realidades 3

Capítulo 5

Nombre _____

Fecha _____

Hora _____

WRITING

Actividad 9

Quieres obtener el trabajo de tus sueños. Lo has visto anunciado en el periódico. Ahora tienes que escribir una carta para describir tus cualidades y habilidades. Lee y responde las siguientes preguntas. Luego, usa tus respuestas para escribir la carta.

¿Cómo eres personalmente? _____

_____

¿Qué trabajos has tenido? _____

_____

¿Cuál es el trabajo de tus sueños? _____

_____

¿Qué cualidades necesarias tienes para este trabajo? _____

_____

Estimados señores:

_____

_____

_____

_____

_____

_____

_____

Cordialmente,

_____

© Pearson Education, Inc. All rights reserved.

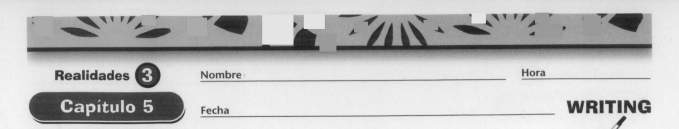

Nombre _____   Hora _____

Fecha _____

WRITING

Actividad 10

A. Ordena las siguientes palabras y frases relacionadas con el trabajo voluntario y la comunidad.

HAROG DE NAOSICNA

☐☐☐☐☐☐ ☐☐ ☐☐☐☐☐☐☐☐
15 14   30 2   19 34   18   40

RENCOT DE AICIBLANTEÓHIR

☐☐☐☐☐ ☐☐ ☐☐☐☐☐☐☐☐☐☐☐☐☐☐
5 26   29   33   20   12

OCTENR ED AL MANDOUDIC

☐☐☐☐☐☐ ☐☐ ☐☐☐☐☐☐☐
41   43   7

RONTEC TEVROCAIRE

☐☐☐☐☐ ☐☐☐☐☐☐
3 4   38

LA GENET NSI HOGRA

☐☐ ☐☐☐☐☐ ☐☐ ☐☐☐☐
31   9

LE VERCSIIO LSIACO

☐☐ ☐☐☐☐☐☐☐ ☐☐☐☐☐☐
39   24

LE DIOME NATEBEIM

☐☐ ☐☐☐☐☐ ☐☐☐☐☐☐
27   28   1 32 37

LE DAUICNAOD

☐☐ ☐☐☐☐☐☐☐☐
11 21   16   22 13

LA FÓSNIMNETCIAA

☐☐ ☐☐☐☐☐☐☐☐☐☐☐
17 42 36 35   8

LA HACRMA

☐☐ ☐☐☐☐☐
6   25   10 23

B. Ahora, completa la frase de abajo con las letras numeradas.

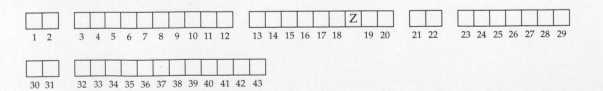

☐☐ ☐☐☐☐☐☐☐☐☐☐ ☐☐☐☐☐☐Z☐☐ ☐☐ ☐☐☐☐☐☐☐
1 2   3 4 5 6 7 8 9 10 11 12   13 14 15 16 17 18   19 20   21 22   23 24 25 26 27 28 29

☐☐ ☐☐☐☐☐☐☐☐☐☐☐☐
30 31   32 33 34 35 36 37 38 39 40 41 42 43

Communication Workbook

© Pearson Education, Inc. All rights reserved.

Realidades **3**

Capítulo 5

Nombre

Hora

Fecha

WRITING

Actividad 11

El director del centro de voluntarios siempre tiene palabras de apoyo *(support)* para la gente que trabaja en la comunidad. Observa las ilustraciones y escribe qué les comenta a las siguientes personas.

Modelo  *Es bueno que Sara haya trabajado de niñera.*

1. _____

2. _____

3. _____

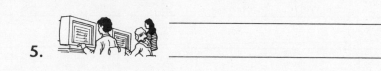

4. _____

5. _____

6. _____

© Pearson Education, Inc. All rights reserved.

Realidades ③

Capítulo 5

Nombre _____

Fecha _____

Hora _____

WRITING

Actividad 12

Tu amigo(a) y tú preparan una fiesta benéfica *(charity event)* para juntar fondos para el hogar de ancianos de su vecindario. Tienen que ir a una de tres tiendas a comprar las cosas que necesitan para la fiesta, pero tu amigo(a) y tú no siempre están de acuerdo. Continúa el diálogo en el que hablan de las cosas que quieren comprar y dónde es mejor comprarlas.

—Compremos queso francés.

—Bueno. Ésta es la mejor tienda del barrio. ¿Vamos?

—No sé, ésa también tiene queso, y es más barata.

— _____

— _____

— _____

— _____

— _____

— _____

— _____

— _____

© Pearson Education, Inc. All rights reserved.

Actividad 13

A. Imagina que trabajas en el periódico de tu comunidad. Haz una lista de las cosas que no son buenas en tu comunidad. Luego haz una lista de ideas sobre cómo mejorarlas.

Cosas que no son buenas	**Cómo mejorarlas**
_____	_____
_____	_____
_____	_____
_____	_____
_____	_____

B. Ahora, usa las listas para escribir un artículo sobre cómo mejorar la comunidad.

Nuestra comunidad

_____

_____

_____

_____

_____

_____

_____

_____

_____

_____

_____

_____

_____

_____

© Pearson Education, Inc. All rights reserved.

Realidades 3

Capítulo 5

Nombre _____

Hora _____

Fecha _____

VIDEO

Antes de ver el video

Actividad 14

Menciona cinco actividades que puedes hacer como voluntario en tu comunidad.

1. _____

2. _____

3. _____

4. _____

5. _____

¿Comprendes?

Actividad 15

Rubén Mejía, el joven dominicano que conociste en el video, trabaja durante el verano para mejorar su comunidad. Identifica tres lugares donde participa como voluntario y menciona qué hace él para contribuir en cada lugar.

Actividad 1: _____

_____

_____

Actividad 2: _____

_____

_____

Actividad 3: _____

_____

_____

© Pearson Education, Inc. All rights reserved.

Communication Workbook

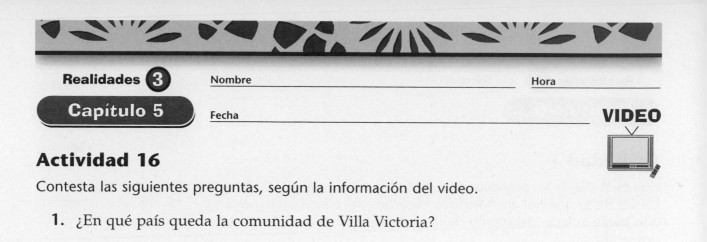

Realidades 3

Capítulo 5

Nombre _____

Fecha _____

Hora _____

VIDEO

Actividad 16

Contesta las siguientes preguntas, según la información del video.

1. ¿En qué país queda la comunidad de Villa Victoria?

   _____

2. ¿Cuál es el propósito de Villa Tech?

   _____

3. ¿Por qué le encanta a Rubén leer cuentos a los niños de Escuelita Borikén?

   _____

4. ¿Qué quiere estudiar Rubén en la universidad?

   _____

5. ¿Cómo piensas tú que la dedicación de Rubén al servicio social lo está preparando para su futuro?

   _____

Y, ¿qué más?

Actividad 17

1. ¿Alguna vez trabajaste como voluntario?

   _____

2. ¿Qué actividad como voluntario te gustaría hacer en tu comunidad?

   _____

3. Menciona alguna de las cosas que haces para ayudar en tu comunidad.

   _____

   _____

4. Escribe un breve párrafo diciendo las cosas que necesitan mejorarse en tu comunidad.

   _____

© Pearson Education, Inc. All rights reserved.

AUDIO

Actividad 1

Hoy es el Día de las profesiones en el Colegio Principal. Cinco personas vienen a la escuela para hablar de lo que hacen. Mientras escuchas sus comentarios, escribe el número de la persona que habla al lado del dibujo de la profesión que él o ella describe. Vas a oír cada comentario dos veces.

© Pearson Education, Inc. All rights reserved.

Communication Workbook

Realidades 3

Capítulo 6

Nombre

Fecha

Hora

AUDIO

Actividad 2

¿Qué estarán haciendo estos jóvenes? Vas a oír a cinco personas hacer varios comentarios. Mira los dibujos. Luego, mientras escuchas a cada joven, escribe el número del comentario al lado del dibujo correspondiente. Vas a oír cada comentario dos veces.

_____

_____

_____

_____

_____

© Pearson Education, Inc. All rights reserved.

Realidades 3

Capítulo 6

Nombre _____

Fecha _____

Hora _____

AUDIO

Actividad 3

Estás visitando una exposición sobre el futuro. Primero, mira el dibujo de la exposición. Luego, vas a escuchar parte de cuatro presentaciones sobre diferentes áreas de la exposición. Mientras escuchas, escribe el número de la presentación en el área del dibujo que mejor corresponde. Vas a oír las presentaciones dos veces.

© Pearson Education, Inc. All rights reserved.

Realidades ❸

Capítulo 6

Nombre _____

Fecha _____

Hora _____

AUDIO

Actividad 4

Vas a oír a seis personas que hacen predicciones sobre el futuro. Mira los dibujos. Luego, mientras escuchas los comentarios, escribe el número de cada predicción al lado del dibujo correspondiente. Vas a oír cada predicción dos veces.

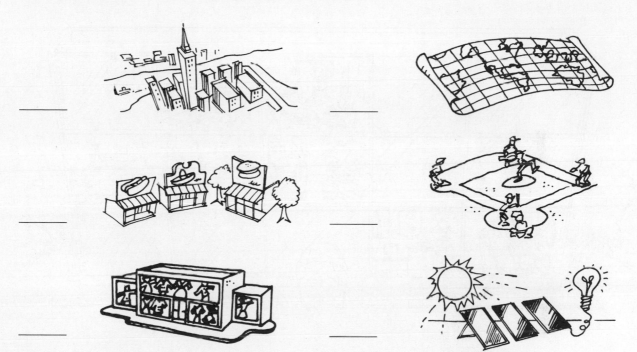

Actividad 5

Hoy es el día de la Feria de ciencias en el Colegio Central. Cuatro estudiantes exhiben inventos futurísticos *(futuristic)* en la feria. Mira los dibujos de varios inventos mientras escuchas las descripciones de los estudiantes. Luego, escribe el número de la descripción al lado del dibujo correspondiente. Vas a oír cada descripción dos veces.

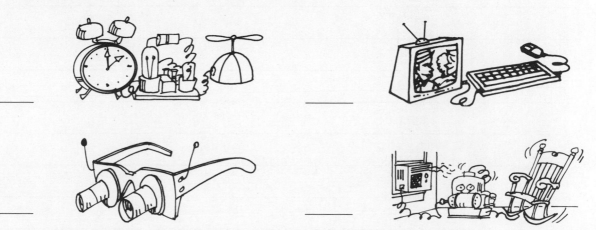

© Pearson Education, Inc. All rights reserved.

Realidades **3**

Capítulo 6

Nombre _____

Hora _____

Fecha _____

WRITING

Actividad 6

¿Qué vas a hacer en el futuro? Mira la ilustración, identifica cuatro de las profesiones que ves y escribe dos o tres frases para cada una que explican por qué la escogerías o no.

1. _____
_____
_____

2. _____
_____
_____

3. _____
_____
_____

4. _____
_____
_____

© Pearson Education, Inc. All rights reserved.

Realidades 3

Capítulo 6

Nombre _____

Fecha _____

Hora _____

WRITING

Actividad 7

¿Qué harán después de graduarse? Estos jóvenes visitan a una clarividente *(fortune-teller)* para que les hable del futuro. Usa los verbos del recuadro para escribir lo que le dirá la clarividente a cada persona, según el dibujo. La primera frase ya está hecha.

viajar	estudiar	diseñar	ahorrar	mudarse
tomar decisiones		dedicarse a	trabajar	lograr

1. Laura

Laura, tu estudiarás para ser arquitecta.

_____

_____

2. Marisol

_____

_____

_____

3. Alejandro

_____

_____

_____

© Pearson Education, Inc. All rights reserved.

Realidades 3

Capítulo 6

Nombre _____

Fecha _____

Hora _____

WRITING

Actividad 8

Mira las ilustraciones. ¿Cómo será cada persona? ¿Qué hará? Escribe tres frases sobre cada una describiendo lo que tú crees que hará.

Modelo

Beto Perdomo

Beto Perdomo será trabajador. Le gustarán los libros de ciencias. Trabajará en un laboratorio.

1. **Antonio Blanco** _____

_____

_____

2. **Lorena Nieto** _____

_____

_____

3. **Pablo Correa** _____

_____

_____

4. **Miguel Álvarez** _____

_____

_____

© Pearson Education, Inc. All rights reserved.

Realidades 3

Capítulo 6

Nombre _____

Fecha _____

Hora _____

WRITING

Actividad 9

¿Cuáles son tus planes profesionales?

A. Primero, contesta las siguientes preguntas.

¿Qué harás después de graduarte?

_____

_____

¿A qué profesión quieres dedicarte?

_____

_____

¿Dónde trabajarás?

_____

_____

¿Cómo será tu trabajo?

_____

_____

B. Ahora, usa las respuestas e información adicional para escribir una entrada en tu diario que describa qué harás en el futuro.

Querido diario:

_____

_____

_____

_____

_____

Tu amigo(a) _____

© Pearson Education, Inc. All rights reserved.

Realidades 3

Capítulo 6

Nombre _____

Fecha _____

Hora _____

WRITING

Actividad 10

Completa las frases y usa las palabras que faltan para llenar el siguiente crucigrama.

Horizontal

1. No podemos _____ lo que pasará mañana.

3. Los científicos estudian el _____ de fuentes de energía que no contaminen el medio ambiente.

5. En el futuro, los jóvenes jugarán a videojuegos de realidad _____.

7. Es bueno tener pasatiempos para los tiempos de _____.

8. El sol es una fuente de _____ muy importante.

9. La _____ de la gente se preocupa por el medio ambiente.

10. Uno de los problemas de hoy es la falta de _____ para la gente sin hogar.

11. Cada día se inventan nuevos _____ electrónicos.

Vertical

2. ¿Qué otros avances se van a _____ en el futuro?

4. Vimos el partido por televisión vía _____.

6. Me gustan mucho las computadoras y quiero estudiar la _____.

9. El _____ desarrolla estrategias para vender productos.

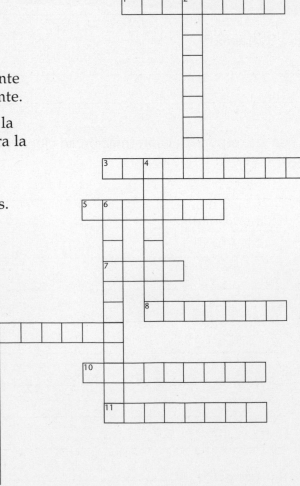

© Pearson Education, Inc. All rights reserved.

Realidades 3

Capítulo 6

Nombre

Fecha

Hora

WRITING

Actividad 11

Piensa en lo que tú y otras tres personas harán en el futuro. Puedes escoger amigos o miembros de tu familia. Escribe una lista de lo que les gusta hacer ahora. Luego escribe tres o cuatro frases sobre lo que habrán hecho en veinte años.

Modelo   Persona: *Mi primo Luis*

Le gustan las matemáticas. Le encantan los puentes. Dentro de veinte años, mi primo Luis ya se habrá graduado de la universidad como ingeniero. Habrá construido el puente más largo del mundo y habrá recibido muchos premios por eso.

1. Persona: _____

_____

_____

_____

2. Persona: _____

_____

_____

_____

3. Persona: _____

_____

_____

_____

4. Persona: _____

_____

_____

_____

© Pearson Education, Inc. All rights reserved.

Realidades 3

Capítulo 6

Nombre

Fecha

Hora

WRITING

Actividad 12

Tu amigo y tú están hablando sobre el futuro y los avances tecnológicos. Usa las ilustraciones para escribir diálogos, usando los pronombres de objeto directo e indirecto.

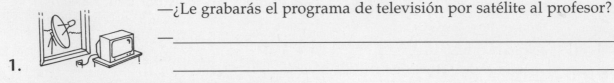

— ¿Me prestarás tu computadora mañana?

— *Sí, te la prestaré. Después me la tendrás que devolver,*

Modelo

o no te la volveré a prestar.

—¿Le grabarás el programa de televisión por satélite al profesor?

1. _____

_____

—¿Le comprará Eva el libro de genética a su hermano?

2. _____

_____

—¿Le dará una medicina el doctor al enfermo?

3. _____

_____

—¿Nos leerá el futuro la clarividente?

4. _____

_____

—¿Te comprarás un juego de realidad virtual?

5. _____

_____

© Pearson Education, Inc. All rights reserved.

Realidades 3

Capítulo 6

Nombre _____

Fecha _____

Hora _____

WRITING

Actividad 13

Eres escritor(a) para una revista de tecnología. Hoy tienes que escribir un artículo sobre tus predicciones para el año 2030.

A. Primero, contesta las siguientes preguntas.

1. ¿Qué usará la gente para comunicarse?

_____

2. ¿Qué fuentes de energía habrá?

_____

3. ¿Qué aparatos se descubrirán?

_____

4. ¿Qué avances habrá?

_____

5. ¿De qué servicios habrá más demanda?

_____

B. Ahora, usa tus respuestas para escribir tu artículo.

_____

_____

_____

_____

_____

_____

_____

_____

_____

© Pearson Education, Inc. All rights reserved.

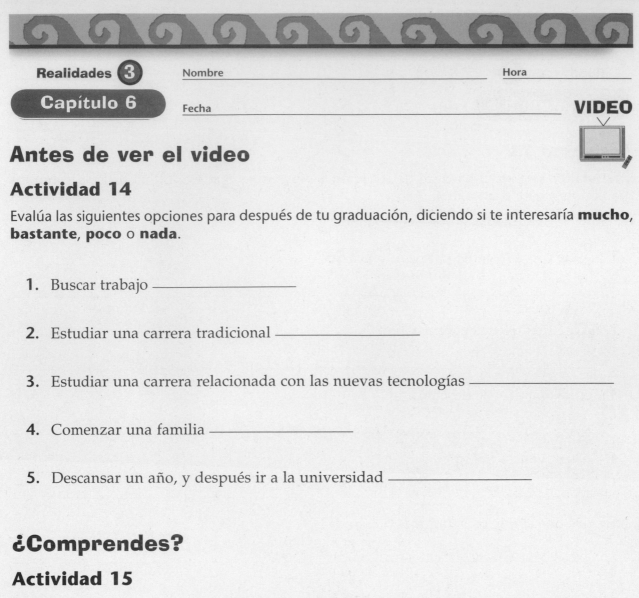

Antes de ver el video

Actividad 14

Evalúa las siguientes opciones para después de tu graduación, diciendo si te interesaría **mucho**, **bastante**, **poco** o **nada**.

1. Buscar trabajo _____

2. Estudiar una carrera tradicional _____

3. Estudiar una carrera relacionada con las nuevas tecnologías _____

4. Comenzar una familia _____

5. Descansar un año, y después ir a la universidad _____

¿Comprendes?

Actividad 15

Según lo que viste en el video, describe los dos elementos que Alberto Cortez combina en su trabajo.

Elemento 1

_____

_____

Elemento 2

_____

_____

© Pearson Education, Inc. All rights reserved.

Communication Workbook

Realidades **3**

Capítulo 6

Nombre _____

Hora _____

Fecha _____

VIDEO

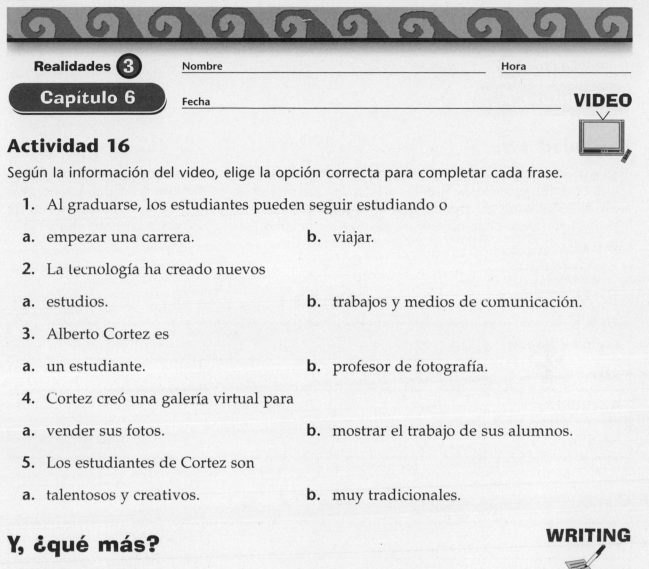

Actividad 16

Según la información del video, elige la opción correcta para completar cada frase.

1. Al graduarse, los estudiantes pueden seguir estudiando o

a. empezar una carrera. **b.** viajar.

2. La tecnología ha creado nuevos

a. estudios. **b.** trabajos y medios de comunicación.

3. Alberto Cortez es

a. un estudiante. **b.** profesor de fotografía.

4. Cortez creó una galería virtual para

a. vender sus fotos. **b.** mostrar el trabajo de sus alumnos.

5. Los estudiantes de Cortez son

a. talentosos y creativos. **b.** muy tradicionales.

Y, ¿qué más?

WRITING

Actividad 17

1. ¿Te gusta la fotografía? ¿Y las computadoras? ¿Por qué?

_____

_____

2. ¿Qué carrera te gustaría estudiar en el futuro? ¿Por qué?

_____

_____

3. ¿Qué profesiones crees que va a haber en el futuro?

_____

_____

4. Describe cuál sería tu trabajo ideal.

_____

_____

© Pearson Education, Inc. All rights reserved.

Realidades ③

Capítulo 7

Nombre _____

Fecha _____

Hora _____

AUDIO

Actividad 1

Trabajas con un grupo de arqueólogos que están explorando unas ruinas indígenas. Tú debes tomar apuntes sobre los diferentes artefactos que se descubren durante las exploraciones. Vas a oír descripciones de tres objetos antiguos. Mientras escuchas, completa las tarjetas de identificación para cada objeto, añadiendo los detalles necesarios. Vas a oír cada descripción dos veces.

OBJETO 1

Forma *(shape)*:	
Alto:	cm
Ancho:	cm
Largo:	cm

OBJETO 2

Forma:	
Alto:	cm
Ancho:	cm
Largo:	cm

OBJETO 3

Forma:	
Alto:	cm
Ancho:	cm
Largo:	cm

© Pearson Education, Inc. All rights reserved.

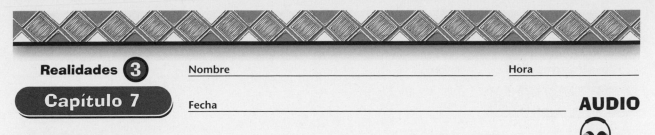

Realidades 3

Capítulo 7

Nombre _____

Hora _____

Fecha _____

AUDIO

Actividad 2

Ana y Ramona hablan sobre unos fenómenos inexplicables. Escucha sus comentarios e indica con una X en la tabla si cada persona cree en el fenómeno descrito o si duda de él. Vas a oír los comentarios dos veces.

Fenómeno	Ana	Ramona
1. Las naves espaciales y los OVNIs *(UFOs)*	_____ cree _____ duda	_____ cree ___ duda
2. El yeti *("Bigfoot")*	_____ cree _____ duda	_____ cree _____ duda
3. Los fantasmas y espíritus	_____ cree _____ duda	_____ cree _____ duda
4. Los clarividentes *(psychics)*	_____ cree _____ duda	_____ cree _____ duda

© Pearson Education, Inc. All rights reserved.

Actividad 3

Vas a oír cinco comentarios sobre mitos y leyendas. Mientras escuchas, mira los dibujos. Escribe el número del comentario al lado del dibujo correspondiente. Solamente vas a escribir *cinco* números. Vas a oír cada comentario dos veces.

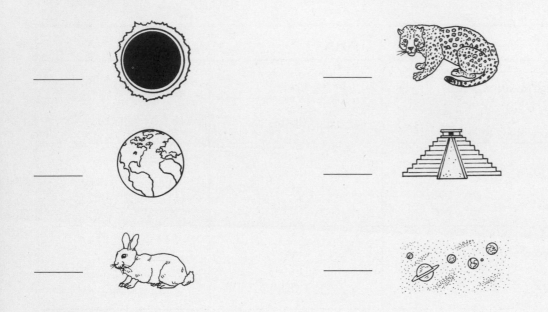

Actividad 4

Un grupo de amigos del Colegio Principal quiere organizar un Club de arqueología. En la primera reunión, hablan de las cosas que necesitan. Escucha los comentarios de cada estudiante. Presta atención al uso del indicativo o del subjuntivo. Luego, indica en la tabla si la persona que habla conoce la cosa, o si no la conoce y la tiene que buscar. Vas a oír los comentarios de cada estudiante dos veces.

1.	_____ Lo conoce	_____ No lo conoce
2.	_____ Lo conoce	_____ No lo conoce
3.	_____ Lo conoce	_____ No lo conoce
4.	_____ Lo conoce	_____ No lo conoce
5.	_____ Lo conoce	_____ No lo conoce
6.	_____ Lo conoce	_____ No lo conoce

© Pearson Education, Inc. All rights reserved.

Realidades 3

Capítulo 7

Nombre _____

Hora _____

Fecha _____

AUDIO

Actividad 5

Estás participando en una excavación de unas ruinas muy importantes. Tu trabajo es organizar todos los artefactos para poder encontrarlos fácilmente en cualquier momento. Escucha los comentarios de varios científicos que buscan artefactos específicos. Basándote en sus descripciones, encierra en un círculo el dibujo del artefacto correcto en cada grupo. Vas a oír cada descripción dos veces.

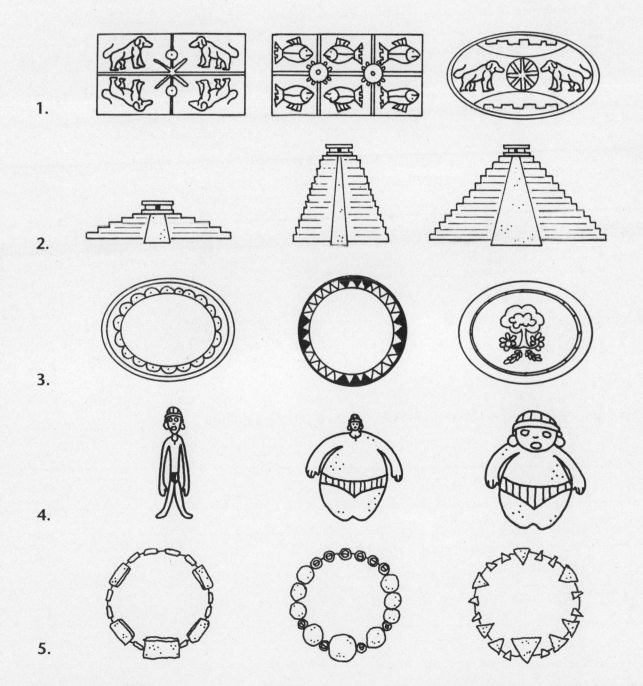

1.

2.

3.

4.

5.

© Pearson Education, Inc. All rights reserved.

Realidades 3

Capítulo 7

Nombre _____

Fecha _____

Hora _____

WRITING

Actividad 6

Eres un(a) arqueólogo(a) famoso(a) y tienes que hacer una presentación en la universidad. Mira la ilustración y escribe seis frases para describirles a los estudiantes cómo fue tu trabajo en esta exploración. La primera frase ya está hecha.

1. _Nuestro equipo de arqueólogos excavó muchas ruinas._ _____

2. _____

3. _____

4. _____

5. _____

6. _____

7. _____

© Pearson Education, Inc. All rights reserved.

Realidades **3**

Capítulo 7

Nombre _____

Hora _____

Fecha _____

WRITING

Actividad 7

¡Tu amigo cree todo lo que lee en Internet! En cambio, tú no crees nada de lo que él te dice. Completa el siguiente diálogo, contestando sus comentarios con lo que tú piensas sobre el tema. Usa las expresiones de la caja.

Modelo   — ¡Han encontrado una nave espacial en el pueblo!

— *Dudo que hayan encontrado una nave espacial en el pueblo.*

Dudo que	No creo que	Es imposible que
Es posible que	Es dudoso que	

1. — ¡Un grupo de arqueólogos en Egipto encontró una pirámide en el mar!

   — _____

2. — ¡Construyeron un observatorio de 10 kilómetros de diámetro!

   — _____

3. — Probablemente, los extraterrestres saben lo que hacemos en la Tierra.

   — _____

4. — Hay una misteriosa estructura en la plaza del pueblo.

   — _____

5. — Esta noche sucederá un fenómeno inexplicable.

   — _____

6. —¡Descubrieron que hay vida en la Luna!

   — _____

7. —Ayer llegó una nave espacial a mi casa.

   — _____

© Pearson Education, Inc. All rights reserved.

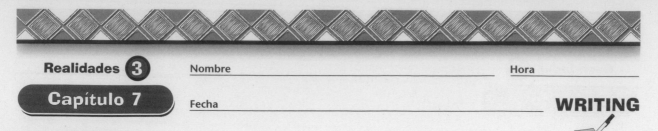

Realidades 3

Capítulo 7

Nombre _____

Fecha _____

Hora _____

WRITING

Actividad 8

Eres el (la) editor(a) de una revista científica y estás contestando las preguntas de tus lectores. Lee sus preguntas y escribe un párrafo que contesta cada una con tu opinión. Puedes usar palabras y expresiones de los recuadros.

Es improbable	Estoy seguro(a)
No creo	Es evidente
Es posible	Creo

ruinas	pirámide	diseño
diámetro	óvalo	civilización
observatorio	leyenda	pueblo

1. ¿Cómo cree que desaparecieron las civilizaciones antiguas?

    _____

    _____

    _____

2. ¿Cree que los extraterrestres ayudaron a crear las civilizaciones antiguas?

    _____

    _____

    _____

3. ¿Cómo era el arte de la cultura maya?

    _____

    _____

    _____

4. ¿Qué piensa de las ruinas que se han excavado recientemente?

    _____

    _____

    _____

5. ¿Qué cree que pasó en Machu Picchu?

    _____

    _____

    _____

© Pearson Education, Inc. All rights reserved.

Realidades 3

Capítulo 7

Nombre _____

Hora _____

Fecha _____

WRITING

Actividad 9

Eres un(a) arqueólogo(a) que acaba de regresar de unas excavaciones en África. Escribe un artículo científico explicando la evidencia de las ruinas que encontraste. Describe las estructuras y ruinas con detalle y da tu opinión sobre los descubrimientos. ¡No te olvides de escribir los pies de foto (*captions*) de las ilustraciones!

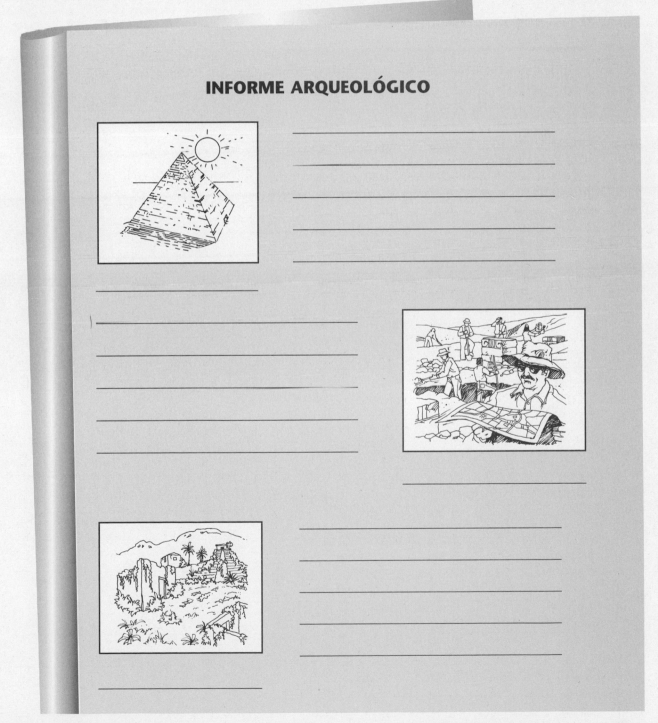

INFORME ARQUEOLÓGICO

© Pearson Education, Inc. All rights reserved.

Realidades 3

Capítulo 7

Nombre _____

Fecha _____

Hora _____

WRITING

Actividad 10

Imagínate que eres un(a) antiguo(a) azteca o maya. Tienes que contar un cuento para explicar algún fenómeno natural. Escoge uno de los siguientes fenómenos y responde las preguntas. Luego escribe un cuento corto para explicarlo.

| los eclipses de sol | los terremotos | las estrellas |

1. ¿Cuáles son los nombres de los dioses que participaron en este fenómeno?

_____

_____

2. ¿Qué hicieron estos dioses para que ocurriera el fenómeno? (Se pelearon, estaban jugando un juego, celebraban una fiesta, etc.)

_____

_____

3. ¿Qué pasó al final?

_____

_____

Cuento

_____

_____

_____

_____

_____

_____

_____

_____

© Pearson Education, Inc. All rights reserved.

Actividad 11

Tu compañero no entiende muy bien algunas de las leyendas que estudiaron en clase. Responde sus preguntas usando una expresión negativa y *sino*.

Modelo ¿Los aztecas tenían un calendario sagrado?

No sólo tenían un calendario sagrado, sino también tenían un calendario solar.

1. ¿Los aztecas veían sombras en la Luna?

_____

_____

2. ¿Los mayas no conocían los números?

_____

_____

3. ¿Los mayas escribían el número cinco con el dibujo de un pie?

_____

_____

4. ¿Los aztecas estudiaron el sol?

_____

_____

5. ¿Los mayas sabían por qué había eclipses?

_____

_____

6. ¿Las pirámides son parte de la cultura azteca?

_____

_____

7. ¿Alguien habla la lengua de los mayas hoy en día?

_____

_____

8. ¿La civilización maya existía en Centroamérica?

_____

_____

© Pearson Education, Inc. All rights reserved.

Realidades 3

Capítulo 7

Nombre _____

Fecha _____

Hora _____

WRITING

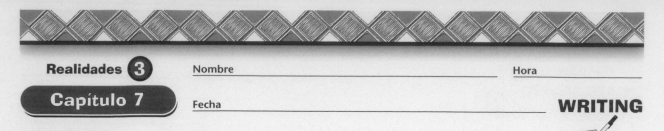

Actividad 12

Estás preparando un festival de mitos y leyendas para tu escuela, pero ¡todavía quedan muchas cosas por hacer! Tus amigos van a ayudarte, pero no saben cómo. Contesta sus preguntas.

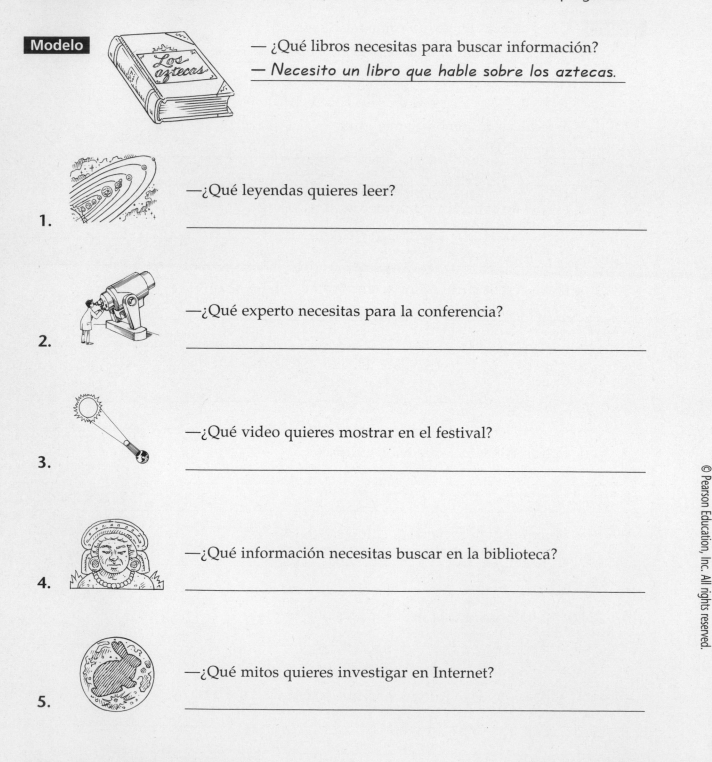

Modelo

— ¿Qué libros necesitas para buscar información?

— *Necesito un libro que hable sobre los aztecas.*

1. —¿Qué leyendas quieres leer?

_____

2. —¿Qué experto necesitas para la conferencia?

_____

3. —¿Qué video quieres mostrar en el festival?

_____

4. —¿Qué información necesitas buscar en la biblioteca?

_____

5. —¿Qué mitos quieres investigar en Internet?

_____

© Pearson Education, Inc. All rights reserved.

Nombre _____

Hora _____

Fecha _____

WRITING

Actividad 13

Ya tienes mucha de la información para el festival de mitos y leyendas. Ahora necesitas buscar a gente que te ayude el día del festival. Prepara un cartel que explique qué personas necesitas y qué cualidades deben tener y no tener.

| Modelo | *Busco a alguien que tenga conocimientos de la cultura azteca. No necesito un experto, sino alguien a quien le gusten las civilizaciones antiguas.* |

Se busca . . .

_____

_____

_____

_____

_____

_____

_____

_____

_____

_____

_____

_____

_____

© Pearson Education, Inc. All rights reserved.

Realidades 3

Capítulo 7

Nombre _____

Fecha _____

Hora _____

VIDEO

Antes de ver el video
Actividad 14

Di tres misterios del mundo que te parezcan interesantes.

1. Misterio 1: _____

_____

Me parece interesante porque… _____

_____

2. Misterio 2: _____

_____

Me parece interesante porque… _____

_____

3. Misterio 3: _____

_____

Me parece interesante porque… _____

_____

¿Comprendes?
Actividad 15

Escribe dos frases sobre lo que has aprendido en el video sobre los siguientes lugares:

Machu Picchu:

1. _____

2. _____

Chichén Itzá:

1. _____

2. _____

Teotihuacán:

1. _____

2. _____

© Pearson Education, Inc. All rights reserved.

Realidades 3

Capítulo 7

Nombre _____

Fecha _____

Hora _____

VIDEO

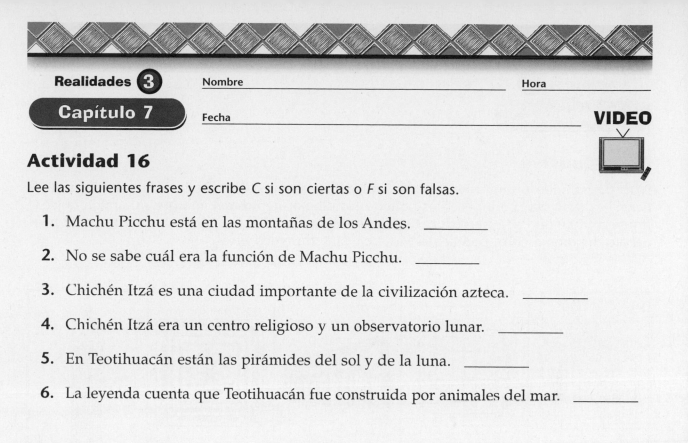

Actividad 16

Lee las siguientes frases y escribe *C* si son ciertas o *F* si son falsas.

1. Machu Picchu está en las montañas de los Andes. _____

2. No se sabe cuál era la función de Machu Picchu. _____

3. Chichén Itzá es una ciudad importante de la civilización azteca. _____

4. Chichén Itzá era un centro religioso y un observatorio lunar. _____

5. En Teotihuacán están las pirámides del sol y de la luna. _____

6. La leyenda cuenta que Teotihuacán fue construida por animales del mar. _____

Y, ¿qué más?

Actividad 17

Responde las siguientes preguntas.

1. ¿A cuál de los lugares del video te gustaría ir? ¿Por qué?

   _____

   _____

2. ¿Qué lugares hay en tu ciudad hoy en día para ceremonias religiosas?

   _____

   _____

3. Cuando eras pequeño(a), ¿qué te parecía misterioso?

   _____

   _____

4. Escribe una explicación inventada para uno de los misterios del video.

   _____

   _____

   _____

© Pearson Education, Inc. All rights reserved.

Realidades 3

Capítulo 8

Nombre

Fecha

Hora

AUDIO

Actividad 1

Estás preparando un informe sobre las influencias arquitectónicas e históricas en España. Ya tienes todo escrito, pero necesitas poner estos dibujos dentro del informe. Tu amiga te lee la primera frase de cada párrafo del informe. Mientras escuchas, pon el número de la frase debajo del dibujo correspondiente. Vas a oír cada frase dos veces.

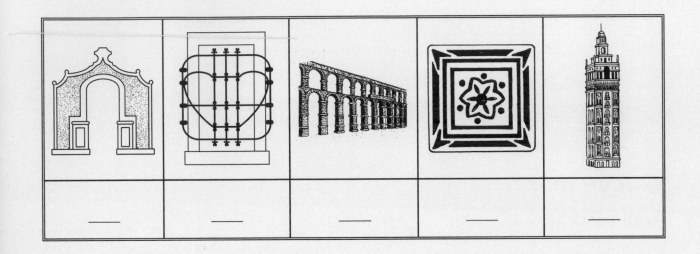

© Pearson Education, Inc. All rights reserved.

Nombre _____   Hora _____

Fecha _____   **AUDIO**

Actividad 2

Tres amigos hablan de las casas de sus sueños. Mientras escuchas lo que dice cada persona, marca con una X las cuatro cosas que él o ella quiere tener en su casa. Vas a oír cada comentario dos veces.

Persona	Cosas que quiere...
Luz	_____ balcones _____ arquitectura árabe _____ arcos _____ rejas _____ un patio grande _____ torres altas
Eduardo	_____ una piscina _____ arquitectura moderna _____ arcos _____ azulejos _____ torres altas _____ un garaje grande
Graciela	_____ balcones _____ arquitectura árabe _____ arcos _____ azulejos árabes _____ un jardín grande _____ un pequeño lago

© Pearson Education, Inc. All rights reserved.

Realidades 3

Capítulo 8

Nombre _____

Fecha _____

Hora _____

AUDIO

Actividad 3

En tu escuela, van a tener cuatro conferencias sobre las fusiones de diferentes culturas. Primero mira el anuncio para cada conferencia. Luego oirás parte de cada conferencia. Decide a qué anuncio se refiere y escribe el número de la conferencia al lado del anuncio correspondiente. Vas a oír cada parte dos veces.

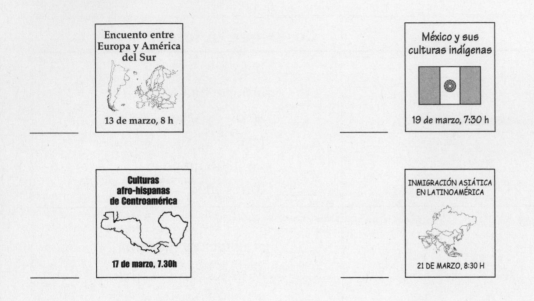

Encuento entre
Europa y América
del Sur

13 de marzo, 8 h

México y sus
culturas indígenas

19 de marzo, 7:30 h

Culturas
afro-hispanas
de Centroamérica

17 de marzo, 7.30h

INMIGRACIÓN ASIÁTICA
EN LATINOAMÉRICA

21 DE MARZO, 8:30 H

Actividad 4

Cinco jóvenes hablan acerca de lo que quisieran hacer. Mira los dibujos. Luego, mientras escuchas lo que dicen, escribe el número de cada comentario al lado del dibujo correspondiente. Vas a oír cada comentario dos veces.

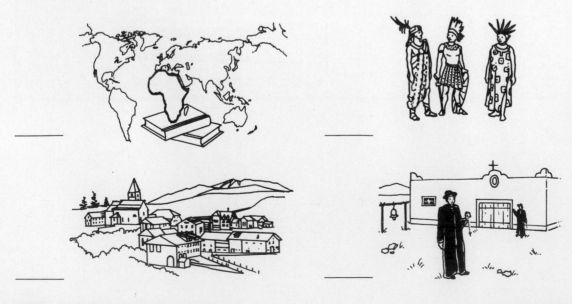

Communication Workbook

© Pearson Education, Inc. All rights reserved.

Realidades 3

Capítulo 8

Actividad 5

Tu amigo Fernando acaba de regresar de un pueblo antiguo que tiene una mezcla increíble de estilos de arquitectura. Fernando te habla de cuatro edificios que ustedes podrían visitar si fueras con él al pueblo. Mientras escuchas, mira cada pareja de dibujos y pon una X debajo del dibujo que mejor corresponde a la descripción de Fernando. Vas a oír cada descripción dos veces.

1. _____   _____

2. _____   _____

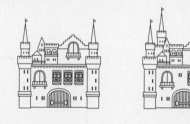

3. _____   _____

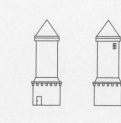

4. _____   _____

© Pearson Education, Inc. All rights reserved.

Realidades 3

Capítulo 8

Nombre _____

Fecha _____

Hora _____

WRITING

Actividad 6

Has estado de viaje por España y ahora tienes que organizar las fotos que sacaste. Mira las fotos y escribe un pie de foto *(caption)* para cada una. Explica qué es cada cosa y cuenta algo que hiciste o que te sucedió en ese lugar.

1. _____

_____

2. _____

_____

3. _____

_____

4. _____

_____

5. _____

_____

6. _____

_____

© Pearson Education, Inc. All rights reserved.

Realidades 3

Capítulo 8

Nombre _____

Hora _____

Fecha _____

WRITING

Actividad 7

Tu amigo(a) se ha ido de viaje a México y te llama explicándote algunos problemas que tiene. Mientras te cuenta cada uno, dile qué harías tú en su situación. Usa el condicional para escribir como mínimo dos frases para cada problema que te cuente tu amigo(a).

Modelo   No encuentro ningún restaurante.

Yo preguntaría a alguien en el hotel. También hablaría con un habitante del lugar. Y miraría una guía de la ciudad. ¡Siempre tienen buenas ideas!

1. No sé qué visitar mañana.

   _____

   _____

2. ¡Quiero recordar los mejores momentos!

   _____

   _____

3. ¡Estoy cansado(a) de caminar tanto!

   _____

   _____

4. ¿Dónde puedo ir a dormir en la Ciudad de México?

   _____

   _____

5. Estoy aburrido(a) porque no conozco a nadie.

   _____

   _____

6. No sé qué ciudad visitar después de la Ciudad de México.

   _____

   _____

© Pearson Education, Inc. All rights reserved.

Realidades 3

Capítulo 8

Nombre _____

Fecha _____

Hora _____

WRITING

Actividad 8

Ahora eres tú quien está de viaje. Has visitado diferentes ciudades y les mandas tarjetas postales a tres amigos(as) y a tu profesor(a). Diles qué harían Uds. si cada uno(a) de ellos(as) estuviera contigo en esa ciudad y explícales algo de la cultura local.

Buenos Aires _____

San Juan _____

Granada _____

Barcelona _____

© Pearson Education, Inc. All rights reserved.

Realidades 3

Capítulo 8

Nombre

Hora

Fecha

WRITING

Actividad 9

A. Imagina cómo sería vivir en España durante los períodos en que llegaron otras culturas a ese país. Haz una lista de cinco cosas que harías en cada época.

| Modelo | *Yo aprendería el idioma de los árabes. Mi familia y yo ayudaríamos a construir una mezquita.* |

1. _____

2. _____

3. _____

4. _____

5. _____

B. Ahora, escribe frases sobre cómo te imaginas que sería la vida en cada período. Usa el condicional en las frases.

1. _____

_____

2. _____

_____

3. _____

_____

4. _____

_____

5. _____

_____

© Pearson Education, Inc. All rights reserved.

Realidades 3

Capítulo 8

Nombre _____

Fecha _____

Hora _____

WRITING

Actividad 10

¿Qué sabes de la historia de América Latina? Mira la ilustración y escribe ocho frases que describen lo que ves.

1. _____

_____

2. _____

_____

3. _____

_____

4. _____

_____

5. _____

_____

6. _____

_____

7. _____

_____

8. _____

_____

© Pearson Education, Inc. All rights reserved.

Realidades 3

Capítulo 8

Nombre _____

Fecha _____

Hora _____

WRITING

Actividad 11

¿Cómo eras tú cuando eras niño(a)? ¿Qué cosas creías? ¿Qué te decían tus padres o tus amigos(as)? Contesta las siguientes preguntas.

| Modelo | ¿Qué te dijo tu hermano sobre los deportes? |

Mi hermano me dijo que jugara al fútbol. Pero yo dudaba que pudiera jugar como él.

1. ¿Qué te sugerían tus padres cuando veías la televisión?

   _____

   _____

2. ¿Qué te dijeron tus padres sobre tus notas en la escuela?

   _____

   _____

3. ¿Qué te dijo la profesora sobre tu comportamiento en la biblioteca?

   _____

   _____

4. ¿Qué te decían tus padres cuando ibas al parque?

   _____

   _____

5. ¿Qué decían tus padres sobre la música que escuchabas?

   _____

   _____

6. ¿Qué te sugirieron tus padres que hicieras para poder estudiar en la universidad?

   _____

   _____

© Pearson Education, Inc. All rights reserved.

Realidades 3

Capítulo 8

Nombre _____

Fecha _____

Hora _____

WRITING

Actividad 12

¿Qué harías en estas situaciones? Escoge cinco situaciones del recuadro y, para cada una, escribe tres o cuatro frases sobre lo que harías.

Modelo   *Si yo viviera en el año 2075, tendría una casa en las nubes. Si pudiera, viajaría a todos lados en un auto que volara.*

vivir en el año 2075	tener mi propio negocio
establecerme en otra cultura	tener un barco de mercancías
hablar muchos idiomas	encontrarme con un(a) antepasado(a)
ir a un viaje cultural	visitar una misión

1. _____

_____

2. _____

_____

3. _____

_____

4. _____

_____

5. _____

_____

© Pearson Education, Inc. All rights reserved.

Realidades 3

Capítulo 8

Nombre _____

Fecha _____

Hora _____

WRITING

Actividad 13

Imagina que eres un(a) europeo(a) que viaja a América en la época colonial.

A. Primero, contesta las siguientes preguntas.

1. ¿A qué ciudad irías?

_____

2. ¿A quién te encontrarías allí?

_____

3. ¿Qué te sorprendería?

_____

4. ¿Qué te gustaría más de tu visita?

_____

B. Ahora, escribe un breve relato explicando lo que harías, verías y pensarías del lugar que visitas.

_____

_____

_____

_____

_____

_____

_____

_____

_____

© Pearson Education, Inc. All rights reserved.

Realidades 3

Capítulo 8

Nombre _____

Hora _____

Fecha _____

VIDEO

Antes de ver el video

Actividad 14

Completa la tabla de abajo, con las influencias de otras culturas en los Estados Unidos. Puedes consultar con un(a) compañero(a).

Palabras de otros idiomas	Comidas de otras culturas	Costumbres de otras culturas

¿Comprendes?

Actividad 15

Lee las siguientes frases y escribe *C* si son ciertas o *F* si son falsas, según el video.

1. Los europeos, los indígenas y los africanos no mezclaron sus culturas en América.

   _____

2. Los grupos de antepasados dejaron huellas en la arquitectura, la lengua y la

   comida de América. _____

3. En los países latinoamericanos donde se habla el español, se usan siempre los

   mismos nombres para las cosas. _____

4. La arquitectura colonial es herencia de los españoles. _____

5. El frijol es un alimento muy importante en la comida caribeña. _____

6. El chocolate y el maíz llegaron a Europa de América. _____

© Pearson Education, Inc. All rights reserved.

Realidades 3

Capítulo 8

Nombre _____

Hora _____

Fecha _____

VIDEO

Actividad 16

Contesta las preguntas, según la información del video.

1. ¿En qué países hispanohablantes se comen muchos frijoles?

_____

2. ¿Cuál es un plato típico que se prepara con maíz?

_____

3. Da un ejemplo de una palabra que viene de una lengua indígena.

_____

4. ¿De dónde viene la tradición de los "cowboys"?

_____

5. ¿Dónde dejaron sus huellas los españoles?

_____

Y, ¿qué más?

Actividad 17

1. ¿De dónde viene tu familia?

_____

_____

2. ¿Qué tradiciones culturales sigue tu familia?

_____

_____

3. De las comidas en el video, ¿cuáles probaste alguna vez? ¿Cuáles te gustaría probar?

_____

_____

4. ¿Qué te ha parecido más interesante sobre el video? ¿Por qué?

_____

_____

© Pearson Education, Inc. All rights reserved.

Realidades 3

Capítulo 9

Nombre

Fecha

Hora

AUDIO

Actividad 1

Vas a oír a cinco estudiantes describir cuál, en su opinión, es el peor problema con relación al medio ambiente. Mientras escuchas, mira los dibujos y escoge el que mejor represente una solución para cada problema. Escribe el número del o de la estudiante que describe el problema al lado del dibujo apropiado. No todos los dibujos se usan. Vas a oír cada descripción dos veces.

© Pearson Education, Inc. All rights reserved.

Realidades 3

Capítulo 9

Nombre _____

Hora _____

Fecha _____

AUDIO

Actividad 2

Vas a oír dos discursos breves de los dos candidatos para presidente del Club del Medio Ambiente de la escuela. Mientras escuchas los discursos, decide si las frases de la tabla son ciertas o falsas, según lo que opina cada estudiante. Marca con una *C* las frases que son ciertas y con una *F* las frases que son falsas. Vas a oír cada discurso dos veces.

Candidato(a)	**¿Cierto o Falso?**
1. Susana Montoya	_____ Si las fábricas echan pesticidas, habrá contaminación.
	_____ Es demasiado tarde para encontrar una solución.
	_____ Las fábricas dejarán de contaminar si el gobierno les pone una multa.
	_____ Antes de ser presidente, Susana organizará una manifestación.
2. Óscar Lezama	_____ Si hay otras fuentes de energía, no dependeremos del petróleo.
	_____ Si no usamos petróleo, habrá más contaminación.
	_____ Si se usan coches eléctricos, no se usará petróleo.
	_____ Cuando sea presidente, Oscar promoverá los coches eléctricos.

© Pearson Education, Inc. All rights reserved.

Realidades 3

Capítulo 9

Nombre _____

Fecha _____

Hora _____

AUDIO

Actividad 3

Vas a escuchar cuatro descripciones de animales que están en peligro de extinción. Mientras escuchas, escribe el número de la descripción al lado del dibujo que mejor corresponde. Vas a oír cada descripción dos veces.

Actividad 4

Vas a oír a cuatro estudiantes describir sus emociones y sentimientos sobre el medio ambiente, los animales en peligro de extinción y la preservación de los recursos. Mientras escuchas, selecciona el problema de la lista que describe cada estudiante y escribe su número al lado del nombre de la persona que habla. No se usan todos los problemas. Vas a oír cada comentario dos veces.

Problemas posibles:

1. los derrames de petróleo
2. el efecto invernadero
3. la explotación de la selva tropical
4. la escasez de agua
5. el derretimiento del hielo de los polos
6. la extinción de especies de animales
7. la contaminación del aire

Estudiante	Problema
María	
Alejandro	
Ernesto	
Juliana	

© Pearson Education, Inc. All rights reserved.

Communication Workbook

Realidades 3

Capítulo 9

Nombre _____

Hora _____

Fecha _____

AUDIO

Actividad 5

Vas a oír descripciones de cinco problemas del medio ambiente. Mientras escuchas, mira la siguiente escena y escribe el número del problema en el sitio donde está pasando. Vas a oír cada problema dos veces.

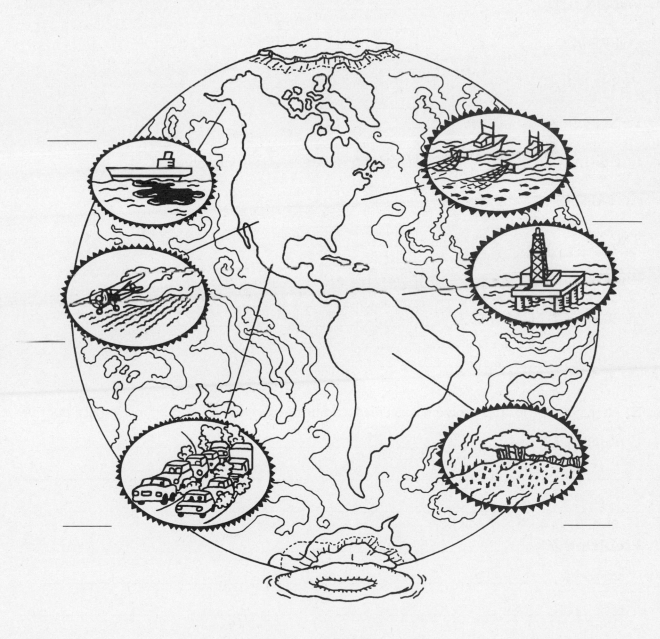

© Pearson Education, Inc. All rights reserved.

Realidades 3

Capítulo 9

Nombre

Hora

Fecha

WRITING

Actividad 6

A. ¿Qué problemas tiene el medio ambiente? Ordena las letras para formar palabras relacionadas con los problemas del medio ambiente. Usa las letras numeradas para hallar la frase secreta.

EDLERCIDTICA

POEREÓLT

VERSANROC

VENNOE

FÁCBRIA

AOTAEGRS

SACZEES

REVGA

SUORRSEC TEUASNALR

B. Ahora, escribe los tres problemas del medio ambiente que más te preocupan y explica por qué.

Problema 1: _____

_____

_____

Problema 2: _____

_____

_____

Problema 3: _____

_____

_____

© Pearson Education, Inc. All rights reserved.

Nombre _____ Hora _____

Fecha _____ **WRITING**

Actividad 7

¿Qué pasará en el futuro? Para cada uno de los siguientes problemas, escribe un párrafo sobre lo que crees que pasará y cuáles serían las soluciones.

Modelo

Mientras tengamos agua suficiente, todos viviremos tranquilos. Tan pronto como la cantidad de agua para beber comience a disminuir, la forma de vida de la gente cambiará.

1. _____
_____
_____
_____

2. _____
_____
_____

3. _____
_____
_____

4. _____
_____
_____

© Pearson Education, Inc. All rights reserved.

Realidades 3

Capítulo 9

Nombre _____

Hora _____

Fecha _____

WRITING

Actividad 8

Imagina que estás viendo algunas fotos con una amiga. Ella no entiende de qué son las fotos. Escribe las explicaciones para que tu amiga sepa qué está viendo.

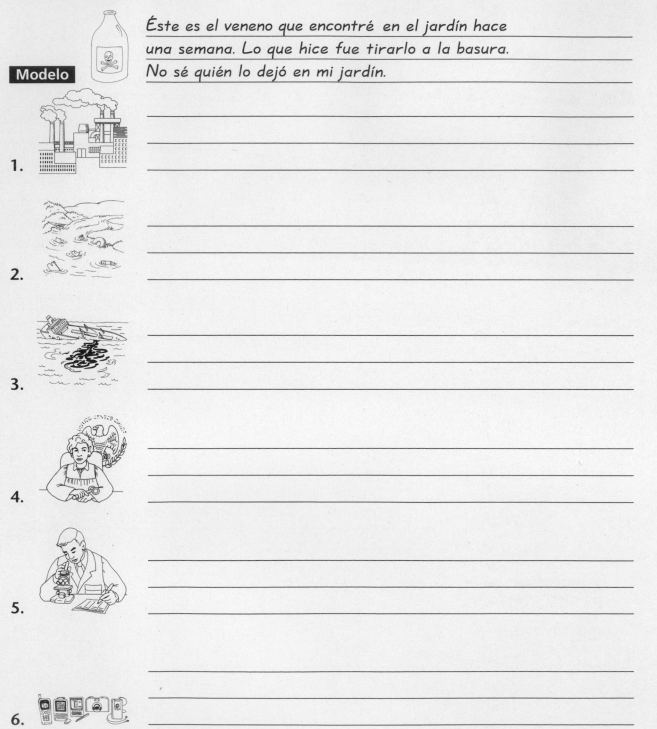

Modelo   *Éste es el veneno que encontré en el jardín hace una semana. Lo que hice fue tirarlo a la basura. No sé quién lo dejó en mi jardín.*

1. _____
   _____
   _____

2. _____
   _____
   _____
   _____

3. _____
   _____
   _____

4. _____
   _____
   _____

5. _____
   _____
   _____
   _____

6. _____

© Pearson Education, Inc. All rights reserved.

Realidades 3

Capítulo 9

Nombre _____

Hora _____

Fecha _____

WRITING

Actividad 9

Te preocupa mucho el medio ambiente y decides escribir un artículo sobre los problemas ambientales para el periódico de la escuela.

A. Lee y contesta las preguntas de abajo.

1. ¿Cuáles son los problemas más graves del medio ambiente?

   _____

2. ¿Qué recursos naturales podemos usar?

   _____

3. ¿Qué medidas pueden tomar los gobiernos para proteger el medio ambiente?

   _____

4. ¿Qué puede hacer la gente para ayudar?

   _____

B. Ahora, usa tus respuestas para escribir tu artículo.

© Pearson Education, Inc. All rights reserved.

Realidades 3

Capítulo 9

Nombre

Fecha

Hora

WRITING

Actividad 10

Hoy en día nuestro planeta tiene muchos problemas ambientales. Observa la escena siguiente y escribe un párrafo que la describa y que dé tu opinión.

_____

_____

_____

_____

_____

_____

_____

_____

_____

_____

© Pearson Education, Inc. All rights reserved.

Communication Workbook

Realidades 3

Capítulo 9

Nombre _____

Fecha _____

Hora _____

WRITING

Actividad 11

Contesta las siguientes preguntas usando la expresión entre paréntesis.

1. ¿Qué haces generalmente cuando tienes problemas en la escuela? (a menos que)

   _____

   _____

   _____

2. ¿Cómo ayudarías a dos amigos tuyos que se han peleado? (sin que)

   _____

   _____

   _____

3. Describe qué fiesta le prepararías a un(a) amigo(a) que se va a vivir a otro país. (para que)

   _____

   _____

   _____

4. Si te enteras de una noticia que va a poner triste a un(a) buen(a) amigo(a), ¿se la dirías? (aunque)

   _____

   _____

   _____

5. ¿Cómo evitarías hacer algo que te piden que hagas, pero que no quieres hacer? (con tal de que)

   _____

   _____

© Pearson Education, Inc. All rights reserved.

Realidades 3

Capítulo 9

Nombre _____

Hora _____

Fecha _____

WRITING

Actividad 12

Imagina que eres un(a) político(a) y participas en una rueda de prensa *(press conference)* sobre los problemas ambientales. Contesta las preguntas de los periodistas usando una de las expresiones del recuadro y tu opinión sobre el tema.

a menos que	con tal (de) que	
para que	aunque	sin que

1. ¿Qué piensa usted sobre el agujero de la capa de ozono?

   _____

   _____

   _____

2. ¿Qué podemos hacer para proteger las especies en peligro de extinción?

   _____

   _____

   _____

3. ¿Cuál es el futuro de los aerosoles?

   _____

   _____

   _____

4. ¿Cuál es el problema de los derrames de petróleo?

   _____

   _____

   _____

5. ¿Cómo se puede evitar el efecto invernadero?

   _____

   _____

   _____

6. ¿Cómo puede la población tomar conciencia de los problemas ambientales?

   _____

   _____

   _____

© Pearson Education, Inc. All rights reserved.

Realidades 3

Nombre _____ Hora _____

Capítulo 9

Fecha _____ **WRITING**

Actividad 13

A tus amigos y a ti les preocupan los problemas del medio ambiente hoy en día. Quieren hacer una campaña para que la gente tome conciencia de la situación. Diseña un cartel que explique cuáles son los principales problemas ambientales y qué puede hacer la gente para ayudar.

© Pearson Education, Inc. All rights reserved.

Realidades 3

Capítulo 9

Nombre _____

Hora _____

Fecha _____

VIDEO

Antes de ver el video

Actividad 14

Ordena los siguientes problemas del **1** al **4**, de acuerdo a la importancia que crees que tienen.

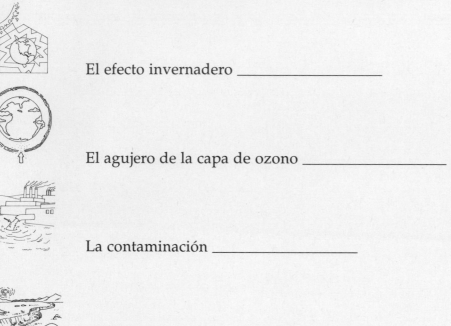

El efecto invernadero _____

El agujero de la capa de ozono _____

La contaminación _____

La escasez de recursos naturales _____

¿Comprendes?

Actividad 15

Lee la lista de aspectos del medio ambiente que se mencionan en el video. Decide a qué lugar(es) pertenece, y escribe cada elemento en la columna correcta.

Los aspectos del medio ambiente: producción de oxígeno, animales marinos, 25 parques nacionales, líder en la preservación de reservas naturales, abundancia de especies, San Ramón, archipiélago volcánico, se limita el número de visitantes, plantas curativas

Aspecto(s) de las selvas tropicales de Costa Rica	Aspecto(s) de las Islas Galápagos de Ecuador	Aspecto(s) de los dos lugares
_____	_____	_____
_____	_____	_____
_____	_____	_____
_____	_____	_____

Communication Workbook

© Pearson Education, Inc. All rights reserved.

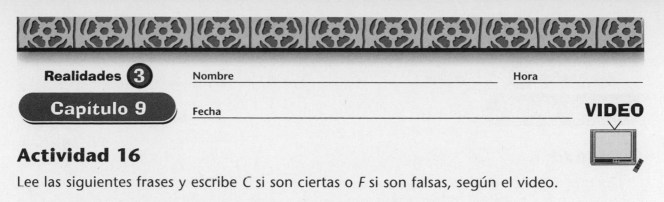

Realidades **3**

Capítulo 9

Nombre _____

Hora _____

Fecha _____

VIDEO

Actividad 16

Lee las siguientes frases y escribe *C* si son ciertas o *F* si son falsas, según el video.

1. La preservación de reservas ayuda a conservar el equilibrio ecológico. _____

2. En Costa Rica hay más de 25 parques nacionales. _____

3. La reserva de San Ramón es también un centro educativo. _____

4. La reserva de San Ramón tiene dos especies de insectos. _____

5. Las Islas Galápagos no tienen tortugas. _____

Y, ¿qué más?

Actividad 17

1. ¿Qué problema de los que has visto en el video te preocupa más?

    _____

    _____

2. ¿Qué lugares del video te gustaría visitar? ¿Por qué?

    _____

    _____

3. ¿Conoces algún parque natural cerca de donde tú vives?

    _____

    _____

4. Escribe un párrafo corto sobre las cosas que podríamos hacer para proteger el medio ambiente.

    _____

    _____

    _____

© Pearson Education, Inc. All rights reserved.

Nombre _____   Hora _____

Fecha _____

AUDIO

Actividad 1

La Doctora Suárez tiene un programa de radio sobre los problemas de los adolescentes. Primero, lee los nombres y los problemas de los cuatro adolescentes. Luego oirás cinco consejos de la Doctora Suárez. Escribe el número del consejo al lado del nombre del adolescente a quien corresponde. Solamente vas a escribir *cuatro* números. Vas a oír cada consejo dos veces.

Adolescente	Número del consejo
Serafina: Sus padres no la respetan.	
Javier: Un amigo sufre de abusos.	
Enrique: No le gusta el código de vestimenta.	
Beatriz: Siente que no tiene tiempo libre.	

© Pearson Education, Inc. All rights reserved.

Realidades 3

Capítulo 10

Nombre _____

Fecha _____

Hora _____

AUDIO

Actividad 2

Vas a oír un resumen de las decisiones de la última reunión del consejo estudiantil del Colegio Central. Mientras escuchas, escribe el número de la decisión al lado del tema correspondiente. Hay sólo un tema por decisión, pero no oirás decisiones para todos los temas. Vas a oír cada decisión dos veces.

_____ el código de vestimenta

_____ la pobreza en la comunidad

_____ las obligaciones del consejo estudiantil

_____ la tolerancia en el colegio

_____ las leyes del gobierno estudiantil

_____ la fecha de las elecciones estudiantiles

_____ los deberes de las autoridades

_____ el apoyo para los proyectos voluntarios

© Pearson Education, Inc. All rights reserved.

Realidades 3

Capítulo 10

Nombre _____

Fecha _____

Hora _____

AUDIO

Actividad 3

Vas a oír los comentarios de cuatro personas de la escena del dibujo. Mientras escuchas, escribe el número de la persona que habla al lado de la persona correspondiente del dibujo. Vas a oír cada comentario dos veces.

© Pearson Education, Inc. All rights reserved.

Communication Workbook

Realidades ③

Capítulo 10

Nombre _____

Fecha _____

Hora _____

AUDIO

Actividad 4

Escucha los comentarios de tres personas que acaban de participar en un juicio muy dramático. Primero lee la lista de conclusiones (*conclusions*). Luego, mientras escuchas, escribe el número de la persona que habla al lado de la conclusión que mejor se corresponda con lo que esta persona dice. No todas las conclusiones se usan. Vas a oír cada comentario dos veces.

Comentarios posibles:

_____ "Habría sido mejor no detenerlo".

_____ "Habría sido mejor buscar más pruebas antes del juicio".

_____ "Habría sido mejor que fuera inocente".

_____ "Habría sido mejor hablar con la prensa antes".

Actividad 5

Estás escuchando la radio. Mientras cambias de estación, oyes cuatro noticias sobre unos eventos recientes. Primero, mira la primera página de los siguientes periódicos. Luego, mientras escuchas, escribe el número de la noticia al lado de la página del periódico que mejor corresponda. Solamente vas a escribir *cuatro* números. Vas a oír cada noticia dos veces.

LA PRENSA
¡Castigo para Gómez!

EL TIEMPO
¡Justicia y libertad para Gómez!

EL HERALDO
¡Tres políticos detenidos por sus crímenes!

EL MERCURIO
¡Servicios gratuitos en contra de la pobreza!

LA VANGUARDIA
¡Nuevas leyes contra el maltrato!

© Pearson Education, Inc. All rights reserved.

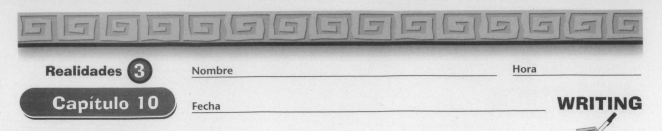

Realidades ③

Capítulo 10

Nombre _____

Hora _____

Fecha _____

WRITING

Actividad 6

Estás preparando un artículo sobre derechos y responsabilidades de los jóvenes para el periódico de tu escuela. Vas a ilustrar tu artículo con algunas fotos. Mira las fotos de abajo y escribe un pie de foto *(caption)* para cada una.

© Pearson Education, Inc. All rights reserved.

Nombre _____

Hora _____

Fecha _____

WRITING

Actividad 7

Imagina que eres un(a) reportero(a) de radio. Observa la escena de abajo y describe lo que ves.

| Modelo | *El discurso fue leído por el presidente.* |

1. _____

_____

2. _____

_____

3. _____

_____

4. _____

_____

5. _____

_____

6. _____

_____

© Pearson Education, Inc. All rights reserved.

Realidades 3

Capítulo 10

Nombre _____

Hora _____

Fecha _____

WRITING

Actividad 8

¿Qué consejos te dan tus padres? ¿Qué consejos se les dieron a ellos? Contesta las siguientes preguntas.

Modelo	¿Qué te dice tu madre?

Mi madre me dice que respete a los demás. _____

1. ¿Qué le aconsejó tu abuelo a tu padre?

   _____

2. ¿Qué esperaba tu abuela de tu madre?

   _____

3. ¿Qué les gustaría a tus padres?

   _____

4. ¿Qué le exigían los profesores a tu madre?

   _____

5. ¿Qué te exige tu profesor a ti?

   _____

6. ¿Qué le dices tú a tu hermano(a) menor?

   _____

7. ¿Cuándo hay que aplicar las leyes?

   _____

8. ¿Qué esperas para tu futuro?

   _____

© Pearson Education, Inc. All rights reserved.

Realidades 3

Capítulo 10

Nombre _____

Fecha _____

Hora _____

WRITING

Actividad 9

¿Cuáles son tus derechos como estudiante y como ciudadano(a)? Prepara un cartel para el salón de clases. Escribe qué derechos tienes. Usa palabras y expresiones del recuadro.

> igualdad **maltrato** respeto *deber*
>
> enseñanza *felicidad* POBREZA *tolerancia*
>
> **gozar** *obligar* funcionar *establecer* **maltratar**
>
> **libertad** discriminar tratar **aplicar** votar

Mis derechos

_____
_____
_____
_____
_____
_____
_____
_____
_____
_____
_____
_____
_____

© Pearson Education, Inc. All rights reserved.

Realidades 3

Capítulo 10

Nombre _____

Hora _____

Fecha _____

WRITING

Actividad 10

¿Qué derechos garantiza el gobierno? Busca palabras relacionadas con este tema en la sopa de letras.

1. Una persona que no tiene la culpa se dice que es _____.

2. Cuando no hay trabajo, hay _____.

3. En un país _____ todas las personas tienen derecho a votar.

4. Después del juicio, la persona _____ fue a la cárcel.

5. Cuando los periódicos pueden decir lo que quieran, hay libertad de _____.

6. En un juicio, al grupo de gente que decide la situación de un acusado se le llama

    _____.

7. Una persona que vio un crimen puede ser _____ en un juicio.

8. Cuando algo afecta a toda la Tierra, se dice que es un problema _____.

9. En un _____ se decide si alguien es culpable o inocente.

```
K M W C O C T R C R Y P J F Q
C P N S Z V U E T Y B H Y D E
M C K L X H U L S Q J M Z A V
N E S J Q N L A P T X Á S D D
H J W T V K J Y U A I L Y L E
I N O C E N T E A T B G O Á S
J U I C I O W I F H E L O U E
D E M O C R Á T I C O R E G M
E S Z X F I O L M D G L P I P
O O F B T D H P J U H S B F L
N T B S A X M R L D N S K R E
C N U R D T B E O N P D P S O
F D U J Z E B N C O Á A I H E
U J K Q I B T S H Q Z Z K A T
D A H Y Y R D A S F K U G Q L
```

© Pearson Education, Inc. All rights reserved.

Actividad 11

Has sido testigo de este accidente y ahora
tienes que responder a las preguntas del
abogado. Mira el dibujo del accidente. Luego,
lee las preguntas y escribe una frase con tu
respuesta.

Modelo ¿Qué esperaba que hubiera pasado?
Esperaba que el coche hubiera parado en el semáforo.

1. ¿Qué te sorprendió?

   _____

2. ¿Qué había querido hacer el conductor del coche?

   _____

3. ¿Qué dijo el policía?

   _____

4. ¿Cómo se comportó el taxista?

   _____

5. ¿Qué esperaba el conductor del camión?

   _____

6. ¿De qué dudabas tú?

   _____

7. ¿Qué creían los otros testigos?

   _____

8. ¿Por qué se enojó el taxista?

   _____

© Pearson Education, Inc. All rights reserved.

Realidades 3

Capítulo 10

Nombre

Hora

Fecha

WRITING

Actividad 12

Piensa en varios problemas y situaciones difíciles que hayas tenido en el pasado y cómo los resolviste. Escribe frases que digan qué habría pasado si los hubieras resuelto de otra forma. Si quieres, puedes inventar los problemas y las situaciones.

| Modelo | *Si hubiera sabido que el examen era tan difícil, no habría ido a jugar al fútbol el fin de semana.* |

1. _____

_____

2. _____

_____

3. _____

_____

4. _____

_____

5. _____

_____

6. _____

_____

7. _____

_____

8. _____

_____

© Pearson Education, Inc. All rights reserved.

Realidades 3

Capítulo 10

Nombre

Fecha

Hora

WRITING

Actividad 13

Imagina que eres el (la) guionista *(screenwriter)* de una película. Mira la ilustración del juicio. Piensa en lo que pasa en esta escena. Imagina lo que piensan y dicen los personajes. ¿Cuál será el resultado del juicio? Ahora escribe tu escena.

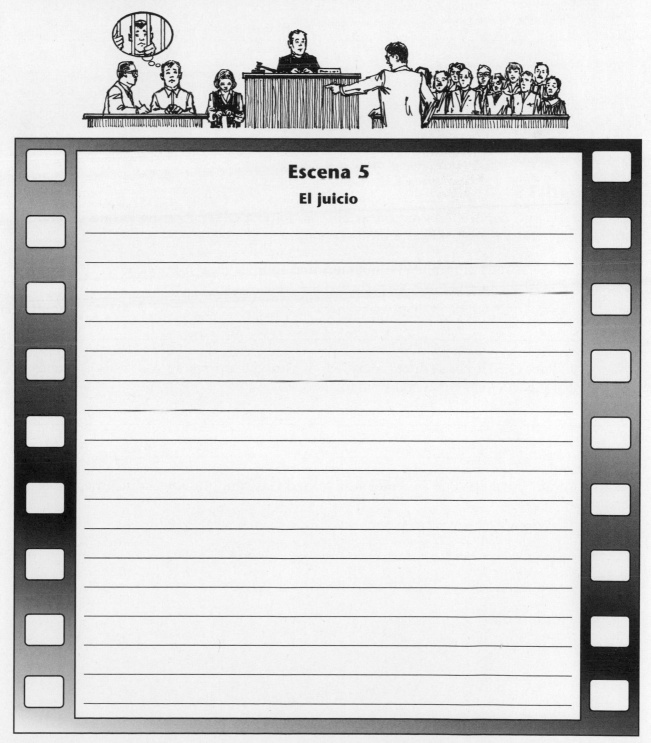

Escena 5

El juicio

© Pearson Education, Inc. All rights reserved.

Realidades 3

Capítulo 10

Nombre _____

Fecha _____

Hora _____

VIDEO

Actividad 14

En los Estados Unidos existen muchas organizaciones que tienen el propósito de mejorar la comunidad. Menciona una organización comunitaria que conoces que beneficia a cada grupo de individuos.

1. los niños _____

2. las familias sin hogar _____

3. los acusados _____

4. los recién llegados _____

Actividad 15

En este segmento conociste la organización comunitaria OÍSTE. Escribe lo que aprendiste sobre los siguientes aspectos de esta organización.

1. ¿Cómo le enseña al público latinoamericano sobre la acción política?

   _____

   _____

2. ¿Qué hace OÍSTE para educar a los latinos para que aprendan sobre sus derechos civiles y participen en su comunidad?

   _____

   _____

3. ¿Para qué participa OÍSTE en los festivales de las comunidades latinoamericanas?

   _____

   _____

   _____

© Pearson Education, Inc. All rights reserved.

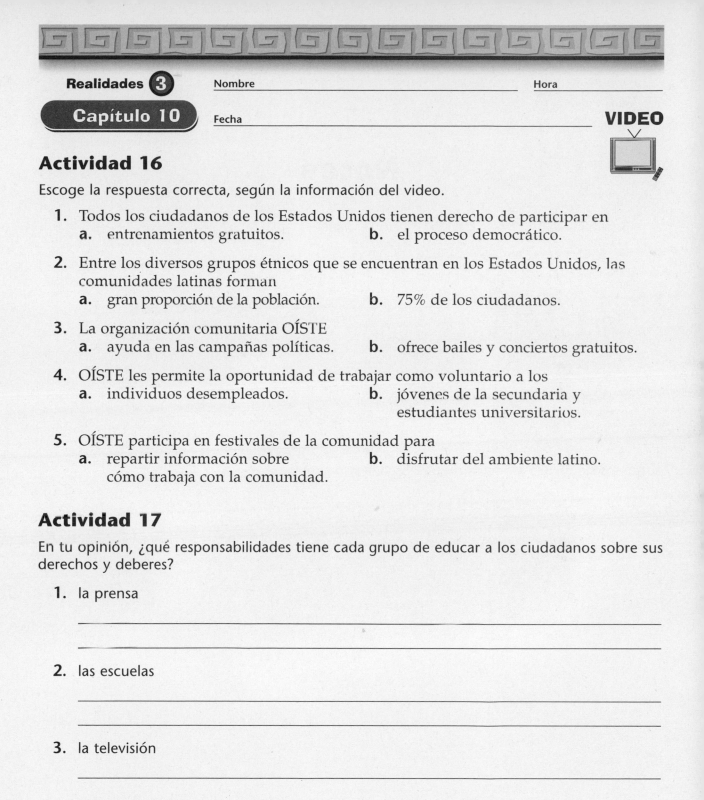

Realidades ③

Capítulo 10

Nombre _____

Hora _____

Fecha _____

VIDEO

Actividad 16

Escoge la respuesta correcta, según la información del video.

1. Todos los ciudadanos de los Estados Unidos tienen derecho de participar en
   a. entrenamientos gratuitos.
   b. el proceso democrático.

2. Entre los diversos grupos étnicos que se encuentran en los Estados Unidos, las comunidades latinas forman
   a. gran proporción de la población.
   b. 75% de los ciudadanos.

3. La organización comunitaria OÍSTE
   a. ayuda en las campañas políticas.
   b. ofrece bailes y conciertos gratuitos.

4. OÍSTE les permite la oportunidad de trabajar como voluntario a los
   a. individuos desempleados.
   b. jóvenes de la secundaria y estudiantes universitarios.

5. OÍSTE participa en festivales de la comunidad para
   a. repartir información sobre cómo trabaja con la comunidad.
   b. disfrutar del ambiente latino.

Actividad 17

En tu opinión, ¿qué responsabilidades tiene cada grupo de educar a los ciudadanos sobre sus derechos y deberes?

1. la prensa

_____

_____

2. las escuelas

_____

_____

3. la televisión

_____

_____

4. el gobierno

_____

_____

5. las organizaciones comunitarias

_____

_____

© Pearson Education, Inc. All rights reserved.

Notes

© Pearson Education, Inc. All rights reserved.

Notes

© Pearson Education, Inc. All rights reserved.

Notes

© Pearson Education, Inc. All rights reserved.

Test Preparation

Table of Contents

© Pearson Education, Inc. All rights reserved.

Capítulo 6: ¿Qué nos traerá el futuro?

Capítulo 7: ¿Mito o realidad?

Capítulo 8: Encuentro entre culturas

Capítulo 9: Cuidemos nuestra planeta

Capítulo 10: ¿Cuáles son tus derechos y deberes?

© Pearson Education, Inc. All rights reserved.

To the Student

Did you know that becoming a better reader in Spanish can improve your scores on standardized reading tests in English? Research has shown that the skills you develop by reading in a second language are transferred to reading in your first language. Research also shows that the more you practice for standardized tests and work on test-taking strategies, the more your scores will improve. The goal of this book is to help you improve your test-taking strategies and to provide extra practice with readings in both Spanish and English. For each chapter, you can work through three types of activities to improve your performance on tests: Reading Skills, Integrated Performance Assessments, and Practice Tests.

Reading Skills

The Reading Skills pages supplement the readings that appear in your textbook, giving you tools to become a better reader. Each Reading Skills page focuses on a specific strategy, such as determining the main idea or recognizing the use of comparison and contrast. After an explanation of the strategy, you'll find a tip for how to use it. Referring to a reading from your textbook, you'll put the reading tip into action by answering a practice question that may require you to fill out a graphic organizer or write a paragraph.

Finally, you'll answer a sample multiple-choice question that helps to prepare you to apply each strategy to reading comprehension questions on standardized tests.

Integrated Performance Assessments

In addition to written standardized tests, you may also be asked to demonstrate your abilities in Spanish by "integrating" your listening, reading, speaking, and writing skills into a "performance." The Integrated Performance Assessment pages contain a model for each chapter of what might be required.

The Integrated Performance Assessment for each chapter has three interrelated tasks for you to complete: the interpretive task, interpersonal task, and presentational task.

© Pearson Education, Inc. All rights reserved.

In the interpretive task, you will read a text, listen to an audio recording, or watch a video. Read, listen, or watch the piece once. Then, read the instructions for the interpersonal and presentational tasks. As you read, listen, or watch the piece for the second time, pay close attention to the elements you will need to complete the next two tasks, and take notes on anything you think may help you with them.

For the interpersonal task, you will work with a partner or a small group to discuss what you learned during the interpretive task. Before starting this task, scan the Interpretive Task Rubric to see how your work will be evaluated.

For the presentational task, you will take what you've learned in the interpretive and interpersonal tasks to create a formal presentation, whether written or spoken. Be sure to read the Presentational Task Rubric before starting so you will have an idea how your work will be assessed.

Practice Tests

The practice tests in this book offer a variety of readings to reflect the types of passages you might expect to find on a standardized test. They also provide practice for three different types of questions you are apt to encounter on such a test: multiple choice, Short Response, and Extended Response.

Multiple Choice Multiple choice questions always have four answer choices. Pick the <u>one</u> that is the best answer. A correct answer is worth 1 point.

Short Response This symbol appears next to questions requiring short written answers:

READ
THINK
EXPLAIN

This symbol appears next to questions requiring short written answers that are a creative extension based on the reading:

Take approximately 3 to 5 minutes to answer a Short Response question. Read all parts of the question carefully, plan your answer, then write the answer in your own words. A complete answer to a Short Response question is worth 2 points. A partial answer is worth 1 or 0 points.

© Pearson Education, Inc. All rights reserved.

NOTE: If a Short Response question is written in English, write your answer in English, unless the instructions tell you to do otherwise. If it is written in Spanish, write your answer in Spanish.

Extended Response This symbol appears next to questions requiring longer written answers based on information that can be inferred from the reading:

READ
THINK
EXPLAIN

This symbol appears next to questions requiring longer written answers that are a creative extension based on the reading:

READ
THINK
CREATE

Take approximately 5 to 15 minutes to answer an Extended Response question. A complete answer is worth 4 points. A partial answer is worth 3, 2, 1, or 0 points.

NOTE: If an Extended Response question is written in English, write your answer in English. If it is written in Spanish, write your answer in Spanish.

Taking These Practice Tests
Your teacher will assign a test for classwork or homework, or you might be taking these tests on your own. Each reading is followed by questions, and the Response Sheet immediately follows the questions. For multiple choice questions, you should bubble-in the response. For Short and Extended Response questions, write your answers on the lines provided.

Tips for Improving Your Score

Know the Rules
Learn the rules for any test you take. For example, depending on how a test is scored, it may or may not be advisable to guess if you are not sure of the correct answer. Find that out before you begin the exam. Be sure you understand:
- how much time is allowed for the test
- the types of questions that will be asked
- how the questions should be answered
- how they will be scored

© Pearson Education, Inc. All rights reserved.

Know Yourself and Make a Plan

Ask yourself: "How will I prepare for the test?" First, ask your teacher to help you list your strengths and weaknesses on tests. Then make a detailed plan for practicing or reviewing. Give yourself plenty of time to prepare. Don't leave everything until the night before. Set aside blocks of uninterrupted time for studying, with short breaks at regular intervals.

Before the Test

Do something relaxing the night before. Then get a good night's sleep, and be sure to eat a nutritious meal before the test. Wear comfortable clothing. If possible, wear a watch or sit where you can see a clock. Make sure you have all the materials you will need. Find out in advance if you will need a certain type of pencil, for example, and bring several with you—already sharpened. Be sure you know where the test is being given and at what time. Plan to arrive early.

Know What You Are Being Asked

There are two basic types of test questions: objective, one-right-answer questions and essay questions. It is essential that you read all questions carefully. Ask yourself, "What are they asking me?" The purpose of a standardized reading test is to determine:

* how well you understand what you read
* how well you are able to use the critical thinking and problem-solving skills that are so critical for success in today's world

Here is a list of basic reading skills:

* Understanding major ideas, details, and organization
* Drawing conclusions
* Understanding cause and effect
* Comparing and contrasting
* Finding, interpreting, and organizing information
* Understanding author's purpose and/or viewpoint
* Understanding character and plot development

Always read the questions <u>before</u> you read the passage. This will help you focus on the task. If it is allowed, ask your teacher to explain any directions you do not understand.

Watch Your Time

Allot a specific amount of time per question—approximately 1 minute for multiple choice, 3 to 5 minutes for Short Response, and 5 to 15 minutes for Extended Response. Do not spend too much time on any one question, and monitor your time so that you will be able to complete the test.

© Pearson Education, Inc. All rights reserved.

Show What You Know, Relax, and Think Positively

Answer those questions that you are sure about first. If a question seems too difficult, skip it and return to it later. Remember that while some questions may seem hard, others will be easy. You may never learn to love taking tests, but you can control the situation and make sure that you reach your full potential for success.

Above all, relax. It's natural to be nervous, but think positively. Just do your best.

Multiple Choice Questions: Helpful Hints

Multiple choice questions have only one right answer. There is no "creative" response, only a correct one. This book provides extensive practice for the types of multiple choice items that you might find on a standardized reading test. There are four answer choices (A, B, C, D or F, G, H, J) per question. Allot approximately 1 minute to answer a multiple choice question. Answers are worth 1 point each.

- Read the question carefully.
- Try to identify the answer <u>before</u> you examine the choices.
- Eliminate obviously incorrect choices by lightly crossing them out.
- Try to narrow the choices down to two.
- Depending on how a test is to be scored, you may or may not want to guess (for these practice tests, check that you will **not** be penalized for guessing wrong).

Short and Extended Response: Helpful Hints

The dreaded essay question will probably not be as difficult as expected if you follow these strategies:

- Read the question <u>before</u> reading the passage.
- Re-read the question as you prepare to respond: Are you being asked to list, describe, explain, discuss, persuade, or compare and contrast? These are very different things.
- Look back at the passage as often as necessary to answer the question correctly. Underline any key sections that you think might be important to your response.
- Use the margins next to the passage to jot down thoughts and ideas and to prepare a brief outline of what you will include in your answer. Use a clear, direct introduction that answers the specific question being asked. As a start, try turning the question into a statement. Include both general ideas and specific details from the reading in your answer.
- Review your response to make sure you have expressed your thoughts well. Is your introduction clear? Have you stated the general idea(s)? Have you included supporting details?

© Pearson Education, Inc. All rights reserved.

- If your response is in Spanish, check for grammar errors (subject-verb agreement, adjective agreement, correct verb endings and tenses). In either language, proofread your answer for correct spelling.

How the Test Will Be Scored

It is important to know in advance how responses will be scored. This will lower your anxiety level and help you focus. For the purpose of these practice tests, you can assume the following:

Multiple Choice Questions
Multiple choice answers are either right or wrong. You will receive credit and 1 point if you select the correct answer.

Performance-Based Questions (Short and Extended Response)
Short and Extended Response questions are called "performance tasks." They are often scored with rubrics, which describe a range of performance. You will receive credit for how close your answers come to the desired response. The performance tasks on these practice tests will require thoughtful answers. You must:
- <u>Read</u> the passage
- <u>Think</u> about the question as it relates to the passage, and
- <u>Explain</u> your answer by citing general ideas and specific details from the passage

or:
- <u>Create</u> a written document (a letter, for example) that clearly uses or models information provided in the reading passage

Rubric for Short Response Questions

READ THINK EXPLAIN	READ THINK CREATE	**2 points** — The response indicates that the student has a complete understanding of the reading concept embodied in the task. The student has provided a response that is accurate, complete, and fulfills all the requirements of the task. Necessary support and/or examples are included, and the information given is clearly text-based. Any extensions beyond the text are relevant to the task.

1 point The response indicates that the student has a partial understanding of the reading concept embodied in the task. The student has provided a response that may include information that is essentially correct and text-based, but

© Pearson Education, Inc. All rights reserved.

the information is too general or too simplistic. Some of the support and/or examples may be incomplete or omitted.

0 points The response is inaccurate, confused, and/or irrelevant, or the student has failed to respond to the task.

Rubric for Extended Response Questions

4 points The response indicates that the student has a thorough understanding of the reading concept embodied in the task. The student has provided a response that is accurate, complete, and fulfills all the requirements of the task. Necessary support and/or examples are included, and the information given is clearly text-based. Any extensions beyond the text are relevant to the task.

3 points The response indicates that the student has an understanding of the reading concept embodied in the task. The student has provided a response that is accurate and fulfills all the requirements of the task, but the required support and/or details are not complete or clearly text-based.

2 points The response indicates that the student has a partial understanding of the reading concept embodied in the task. The student has provided a response that may include information that is essentially correct and text-based, but the information is too general or too simplistic. Some of the support and/or examples and requirements of the task may be incomplete or omitted.

1 point The response indicates that the student has very limited understanding of the reading concept embodied in the task. The response is incomplete, may exhibit many flaws, and may not address all requirements of the task.

0 points The response is inaccurate, confused, and/or irrelevant, or the student has failed to respond to the task.

Getting Started

So let's get started. If there was anything in this Introduction that you did not understand, ask your teacher about it. Glance once again at the Helpful Hints before taking the first test. In fact, it will be helpful if you review those hints each time you take one of these tests. And remember: The more you practice, the higher your scores will be.

¡Buena suerte!

© Pearson Education, Inc. All rights reserved.

Integrated Performance Assessment
Unit theme: Tu vida diaria, Días especiales

Context for the Integrated Performance Assessment: Your Spanish class has decided to set up a Web site where students can post information about themselves. You are getting ready to write your first blog entry where you will introduce yourself and describe the activities that you normally do during the week and on the weekend. Be sure to mention when you do them and why you do them.

Interpretive Task: Listen to several students describe their daily routines on *Realidades 3, Audio DVD, Cap. PE, Track 2.* (Don't worry about the directions given on the DVD itself. Use these directions instead.) Afterwards, write down a few activities that you do during the week and on weekends.

Interpretive Task: Discuss your activities with a friend in Spanish class. Talk about when and why you do the activities. Identify some that you really like to do.

Presentational Task: Write your blog entry. Introduce yourself and describe activities that you do during the week and on weekends. Mention when and why you do them as well as the activities you really like to do.

Interpersonal Task Rubric

	Score: 1 Does not meet expectations	Score: 3 Meets expectations	Score: 5 Exceeds expectations
Language Use	Student uses little or no target language and relies heavily on native language word order.	Student uses the target language consistently, but may mix native and target language word order.	Student uses the target language exclusively and integrates target language word order into conversation.
Vocabulary Use	Student uses limited and repetitive language.	Student uses only recently acquired vocabulary.	Student uses both recently and previously acquired vocabulary.

Presentational Task Rubric

	Score: 1 Does not meet expectations	Score: 3 Meets expectations	Score: 5 Exceeds expectations
Amount of Communication	Student gives limited or no details or examples.	Student gives adequate details or examples.	Student gives consistent details or examples.
Accuracy	Student's accuracy with vocabulary and structures is limited.	Student's accuracy with vocabulary and structures is adequate.	Student's accuracy with vocabulary and structures is exemplary.
Comprehensibility	Student's ideas lack clarity and are difficult to understand.	Student's ideas are adequately clear and fairly well understood.	Student's ideas are precise and easily understood.
Vocabulary Use	Student uses limited and repetitive vocabulary.	Student uses only recently acquired vocabulary.	Student uses both recently and previously acquired vocabulary.

© Pearson Education, Inc. All rights reserved.

Identifying Methods of Development and Patterns of Organization

Good readers understand the tools and techniques of authors. To identify the methods of development used by an author in a text, you must first determine the author's purpose by asking, "Why was this text written?" After determining the author's purpose, you next ask, "What techniques did the author use to achieve his or her purpose?" These techniques are known as methods of development and could include, among other things, the organization pattern, word choice, or sentence structure used in the text.

Tip

One common pattern of organization for writers is the process paper. The process paper could be a set of instructions, a recipe, a "how-to" guide, or the narrative account of a real event. In a process paper, you describe or explain the steps in a process. A graphic organizer known as a flow chart helps you keep track of the steps. The flow chart also helps you see which steps come first in the process and which ones follow.

1. Review **Actividad 42** *"Un partido inolvidable"* on page 46 in your textbook. After re-reading the description of the critical moments of the soccer game between La Real Sociedad de Santander and Barcelona, fill in the steps that led to Platko's withdrawl and eventual return to the game in the flow chart below.

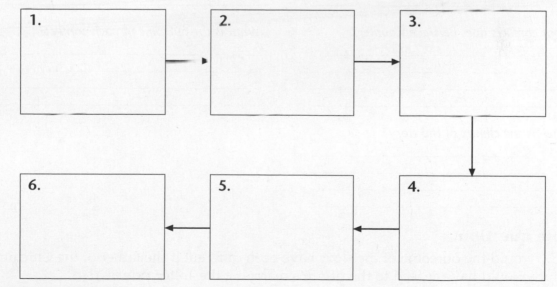

Sample question:

2. According to the account of the 1928 soccer game between Barcelona and La Real Sociedad de Santander, what happened at the moment when Platko threw himself on top of the ball that Cholín was taking in for a goal?
   A The fans from Barcelona grew hopeless.
   B Cholín kicked Platko's forehead.
   C Barcelona won the game.
   D Half time arrived.

© Pearson Education, Inc. All rights reserved.

Analyzing the Effectiveness of Complex Elements of Plot

When reading stories, it is important for readers to identify the protagonist or main character of the story. The protagonist usually has a goal in the story, and it is the protagonist's attempt to reach that goal that moves the plot of the story. The plot can be summed up as all the actions that occur as the protagonist attempts to reach his or her goal. While attempting to reach his or her goal, the protagonist encounters problems or conflicts that must be resolved. The climax of the story is the point when it becomes clear to the reader that the protagonist will or will not reach his or her goal. Good readers can explain how various elements of the plot, such as the protagonist's goals or conflicts, affect the outcome of the story.

Tip

1. One way that you can identify and understand various plot elements is to use a chart. After reviewing the **Lectura,** *El Iztaccíhuatl y el Popocatépetl* on pages 54–56 in your textbook, fill in the information required in the chart below.

Who is the protagonist?

_____

_____

_____

What is his/her goal?

_____

_____

_____

What conflicts does he/she encounter?

_____

_____

_____

What is the outcome of each conflict?

_____

_____

_____

When is the climax of the story?

_____

_____

_____

Sample question:

2. How would the outcome of the story have been different if the father of the Chichimeca prince would have agreed to the prince's marrying the Toltec princess?

   A The princess would have died on top of Iztaccíhuatl mountain, but the prince would have survived on Popocatépetl mountain.

   B The spirits of the prince and the princess would never have become one.

   C The prince and the princess would likely have married and lived in the Chichimeca kingdom in the mountains.

   D Both the prince and the princess would have died on the same mountain, Iztaccíhuatl.

Communication Workbook

© Pearson Education, Inc. All rights reserved.

Integrated Performance Assessment
Unit Theme: Días inolvidables

Context for the Integrated Performance Assessment: Your Spanish class is going to host a group of students from Chile who will spend a few weeks in your community. The students would like information about the outdoor activities, including sports and sporting events, that are popular in your community.

Interpretive Task: Watch the *Videodocumentario: Los deportes en el mundo hispano* from *Realidades 3, DVD 1, Capítulo 1*. Make a list of the outdoor activities and sporting events mentioned in the video. Note the relationship between the weather and the activities.

Interpersonal Task: Discuss the list of outdoor activities and sporting events with a friend in Spanish class. Are any of them popular in your community? What other outdoor activities are popular in your community? What is the relationship between the weather and the outdoor activities? Describe places in your community where people go to enjoy outdoor activities.

Presentational Task: Write an e-mail to one of the students from Chile with a detailed description of the weather, sports, and outdoor activities, and places where people go in your community to participate in the activities.

Interpersonal Task Rubric

	Score: 1 Does not meet expectations	Score: 3 Meets expectations	Score: 5 Exceeds expectations
Language Use	Student uses little or no target language and relies heavily on native language word order.	Student uses the target language consistently, but may mix native and target language word order.	Student uses the target language exclusively and integrates target language word order into conversation.
Vocabulary Use	Student uses limited and repetitive language.	Student uses only recently acquired vocabulary.	Student uses both recently and previously acquired vocabulary.

Presentational Task Rubric

	Score: 1 Does not meet expectations	Score: 3 Meets expectations	Score: 5 Exceeds expectations
Amount of Communication	Student gives limited or no details or examples.	Student gives adequate details or examples.	Student gives consistent details or examples.
Accuracy	Student's accuracy with vocabulary and structures is limited.	Student's accuracy with vocabulary and structures is adequate.	Student's accuracy with vocabulary and structures is exemplary.
Comprehensibility	Student's ideas lack clarity and are difficult to understand.	Student's ideas are adequately clear and fairly well understood.	Student's ideas are precise and easily understood.
Vocabulary Use	Student uses limited and repetitive vocabulary.	Student uses only recently acquired vocabulary.	Student uses both recently and previously acquired vocabulary.

© Pearson Education, Inc. All rights reserved.

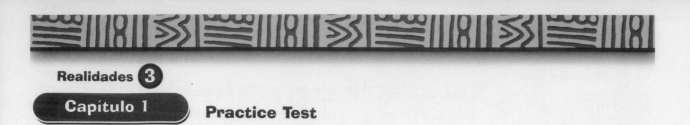

Mitos sobre Cristóbal Colón y sus viajes

1 Cristóbal Colón es posiblemente la figura histórica más famosa en los países de las Américas. Pero esto no quiere decir que lo que generalmente se sabe sobre Colón es verdadero. En realidad, mucha de la información es simplemente una repetición de mitos aceptados por más de 500 años.

2 Uno de los mitos más populares sobre Colón es que él fue el primero en decir que el mundo es redondo. La verdad es que ésta era una idea generalmente aceptada en la época de Colón. Los matemáticos de la Grecia antigua fueron los primeros en llegar a esta conclusión, y también calcularon con bastante precisión el tamaño del mundo.

3 Según otro mito, Colón era un navegante brillante. Es más correcto decir que era muy buen marinero, y que conocía los vientos y las corrientes del mar bastante bien. Pero Colón calculaba las distancias mal. Pensaba que la Tierra era mucho más pequeña de lo que es. Por eso murió convencido de que en sus cuatro viajes exploró partes de Asia, y no tierras previamente desconocidas. En su primer viaje, cuando llegó a tierra el 12 de octubre de 1492, pensó que estaba en la India, y por eso llamó "indios" a la gente que encontró allí.

4 Muchos estadounidenses piensan que Colón llegó a los Estados Unidos continentales. En realidad, las únicas partes del país que él vio o visitó fueron las islas Vírgenes y Puerto Rico. En sus viajes, Colón exploró islas en el Atlántico y el Caribe. En su tercer viaje, navegó por la costa de lo que hoy es Venezuela, y en su cuarto, exploró la costa de lo que hoy son Honduras, Nicaragua, Costa Rica y Panamá. Como base para sus cuatro viajes, Colón escogió la isla que él nombró "la Española," donde están hoy día Haití y la República Dominicana. De todos los países de las Américas, la República Dominicana es el que está más estrechamente relacionado con Colón —la colonia en Santo Domingo, que hoy es la capital del país, fue gobernada por Colón, sus hermanos y su hijo.

5 Otro mito sobre Colón es que fue un gobernador justo y bueno. Según este mito, si Colón hizo cosas que hoy día nosotros consideramos brutales, hay que ver estos actos en el contexto de lo que hacía la gente en esa época. Pero en realidad, muchos de los contemporáneos de Colón lo criticaron severamente cuando vieron cómo trataba a la gente bajo su control. Él y sus hermanos torturaban y ejecutaban a sus hombres si no seguían sus órdenes. Tomaban a los indígenas como esclavos para construir sus colonias y para buscar oro. Los indígenas en la Española fueron tratados tan brutalmente que pronto murieron. Cuando Colón llegó a la isla por primera vez, había 250.000 indígenas. Dos años más tarde, quedaban sólo 125.000.

6 Otro mito muy popular sobre Colón es que murió pobre y en la desgracia. Al contrario, murió bastante rico, con dinero de sus minas americanas, y con sus títulos de Almirante y virrey. Es verdad que los reyes españoles, Fernando e Isabel, no le dieron más poder a Colón cuando vieron que no sabía gobernar y que era muy cruel con sus hombres y con los indígenas. Pero no le quitaron ni su fortuna ni sus honores, y Colón murió en su propio apartamento en Valladolid, España, atendido por su familia y amigos.

© Pearson Education, Inc. All rights reserved.

Los viajes de Cristóbal Colón, 1492–1503

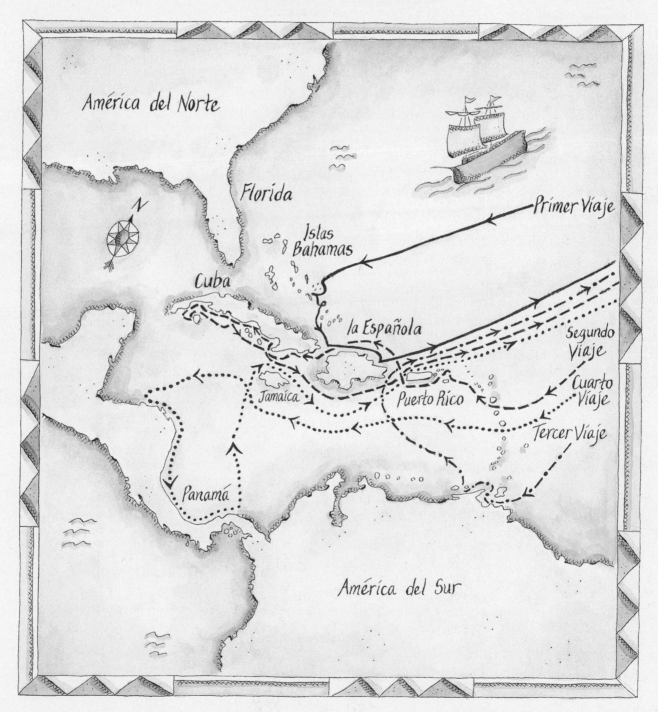

América del Norte

Florida

Islas Bahamas

Cuba

la Española

Jamaica

Puerto Rico

Panamá

América del Sur

Primer Viaje

Segundo Viaje

Cuarto Viaje

Tercer Viaje

© Pearson Education, Inc. All rights reserved.

Answer questions 1–6. Base your answers on the reading, *"Mitos sobre Cristóbal Colón y sus viajes".*

1 Which one of the following statements is false?

   A   Columbus died thinking that he'd reached Asia.

   B   Columbus neither saw nor visited the United States mainland.

   C   Columbus made his base on Hispaniola, the island that today is divided into Haiti and the Dominican Republic.

   D   Columbus was universally admired by his contemporaries.

2 According to the article, what was Columbus's talent as a seaman?

   F   He could sail by the stars.

   G   He knew the winds and ocean currents very well.

   H   He could calculate distances with great accuracy.

   J   He recognized that the world was round.

3 According to the article, what argument has been made to excuse Columbus's cruelty toward his men and the indigenous people?

   A   He had periods of madness in which he was not responsible for his actions.

   B   His actions need to be examined in the context of his time.

   C   He was provoked and attacked constantly.

   D   His cruelty was exaggerated by his enemies.

4 Why did the king and queen of Spain decide not to give Columbus additional power?

   F   He governed poorly and was cruel.

   G   They wanted his brothers to rule.

   H   He wasn't delivering the gold from his mines in the New World.

   J   He was already an admiral and viceroy.

5 READ THINK EXPLAIN   Nombra algunas cosas que aprendiste del artículo que fueron sorpresas para ti.

6  READ THINK EXPLAIN   Piensa en uno de los mitos sobre Colón y explica porque la gente todavía lo cree. Incluye en tu respuesta las razones por las cuales el mito nació y porqué la gente sigue creyendo en él.

© Pearson Education, Inc. All rights reserved.

1 Ⓐ Ⓑ Ⓒ Ⓓ   **2** Ⓕ Ⓖ Ⓗ Ⓙ   **3** Ⓐ Ⓑ Ⓒ Ⓓ

4 Ⓕ Ⓖ Ⓗ Ⓙ

5

READ
THINK
EXPLAIN

_____
_____
_____
_____
_____
_____

6

READ
THINK
EXPLAIN

_____
_____
_____
_____
_____
_____
_____
_____
_____

© Pearson Education, Inc. All rights reserved.

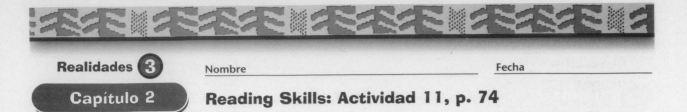

Recognizing the Use of Comparison and Contrast

To recognize comparison and contrast in a reading passage, good readers can point out how items or ideas in the reading passage are similar to or different from each other. Sometimes writers will directly state that they are comparing or contrasting items in a reading passage. Other times readers might recognize items in a reading passage that could be compared or contrasted even though the writer might not have presented the information for that purpose.

Tip

After reading a text in which the author uses comparison and contrast, it is helpful for you to restate what you read using some of these common expressions:

_____, but _____.

_____; however, _____.

_____.

On the other hand, _____.

Although _____, _____.

While _____, _____.

Both _____ and _____.

_____.

Similarly, _____.

_____.

Likewise, _____.

1. After re-reading **Actividad 11** *"Los mundos de Miró y de Dalí"* on page 74 in your textbook, complete the sentences below with information that shows how Dalí and Miró are both similar and different as artists.

   As surrealists, both Dalí and Miró were inspired by _____

   _____

   While Dalí and Miró were both surrealists, Miró's style _____

   _____

   Miró used colors and figures that remind one of children's drawings; however, the images Dalí uses in *La persistencia de la memoria* _____

   _____

   (Fill in with your own comparison-contrast sentence about Dalí and Miró.)

   _____

   _____

Sample question:

2. Which statement below is true about Dalí and Miró?
   A Dalí was more inspired by his imagination than Miró.
   B Both Dalí and Miró used childlike images and colors in their painting.
   C Both wanted to capture the ideas and images of the subconscious in their painting.
   D While Dalí was a surrealist, Miró was a realist.

© Pearson Education, Inc. All rights reserved.

Analyzing the Effectiveness of Complex Elements of Plot: Characterization

When reading stories, it is important for readers to identify the protagonist or main character of the story. The protagonist usually has a goal in the story, and it is the protagonist's attempt to reach that goal that moves the plot of the story. A better understanding of the characters in a story often leads to a better understanding of the plot. You can discover details about a character in a story by paying attention to the character's actions, thoughts, and spoken words as well as to the way others talk about or describe that character. These details, along with any physical descriptions of the character, are referred to as characterization clues.

Tip

One way to keep track of the characterization clues in a story is to use a chart.

1. After reviewing the **Lectura,** *Cuando era puertorriqueña* on pages 100–103 in your textbook, fill in the information about the narrator that is missing from the chart below.

Character's Thoughts	Character's Actions	Character's Words	What Others Say about Her
I was ashamed that after so many hours of practice with Mrs. Johnson, Mr. Barone, and Mr. Gatti, after buying me clothes and new shoes, after Mommy had to take the day off without pay to take me to Manhattan, after all that, I had not passed the test and would never get out of Brooklyn.	Ten years after her graduation from Performing Arts High School, she was a scholarship student at Harvard.		

Together, these characterization clues suggest that the narrator is the type of person who

_____

_____.

Sample question:

2. The narrator of *Cuando era puertorriqueña* could best be described as
   A a determined and brave young woman with talent.
   B a shy, good-hearted young woman with little acting talent.
   C an ambitious young woman whose immigrant background prevented her from succeeding.
   D a young woman for whom people will always feel pity.

© Pearson Education, Inc. All rights reserved.

Integrated Performance Assessment
Unit theme: ¿Cómo te expresas?

Context for the Integrated Performance Assessment: Next month is Celebrate the Arts Month at your high school. Your Spanish teacher has decided to focus on the arts from the Spanish-speaking world and needs information about the students' interests before he/she makes his/her lesson plans.

Interpretive Task: Watch the *Videodocumentario: El arte en el mundo hispano* from *Realidades 3, DVD 1, Capítulo 2.* Take notes on the literature, painting, and dance described in the video. Decide which of the three areas is the most interesting to you.

Interpersonal Task: Work with a group of students who have selected the same area of interest that you selected from the video. Discuss why this area is the most interesting to you. Think of other authors, artists, or types of dance from the Spanish-speaking world that you studied in this chapter or in previous chapters. Your goal is to give your Spanish teacher plenty of information so that he/she can plan an interesting series of lessons.

Presentational Task: Make an oral presentation to the class explaining the area of art that interests you the most and why. Include details on a variety of artists, authors, or types of dance and the kinds of activities that you hope you teacher will plan Celebrate the Arts Month.

Interpersonal Task Rubric

	Score: 1 Does not meet expectations	Score: 3 Meets expectations	Score: 5 Exceeds expectations
Language Use	Student uses little or no target language and relies heavily on native language word order.	Student uses the target language consistently, but may mix native and target language word order.	Student uses the target language exclusively and integrates target language word order into conversation.
Vocabulary Use	Student uses limited and repetitive language.	Student uses only recently acquired vocabulary.	Student uses both recently and previously acquired vocabulary.

Presentational Task Rubric

	Score: 1 Does not meet expectations	Score: 3 Meets expectations	Score: 5 Exceeds expectations
Amount of Communication	Student gives limited or no details or examples.	Student gives adequate details or examples.	Student gives consistent details or examples.
Accuracy	Student's accuracy with vocabulary and structures is limited.	Student's accuracy with vocabulary and structures is adequate.	Student's accuracy with vocabulary and structures is exemplary.
Comprehensibility	Student's ideas lack clarity and are difficult to understand.	Student's ideas are adequately clear and fairly well understood.	Student's ideas are precise and easily understood.
Vocabulary Use	Student uses limited and repetitive vocabulary.	Student uses only recently acquired vocabulary.	Student uses both recently and previously acquired vocabulary.

© Pearson Education, Inc. All rights reserved.

Guernica: La pintura como protesta

1   En julio de 1936, unos oficiales del ejército español se rebelaron contra el gobierno de la República. Los habitantes del país se dividieron en dos facciones: republicanos y nacionalistas. Hubo una guerra civil terrible que duró hasta 1939. Murieron más de un millón de personas.

2   El 26 de abril de 1937, un pueblo en el norte de España fue bombardeado. Aunque el lugar no tenía ningún valor militar, el ataque duró tres horas y murieron 1.645 personas.

3   En todas partes del mundo la gente reaccionó contra ese ataque. Protestaron, escribieron artículos y algunos fueron a España a luchar, incluso un grupo de norteamericanos que se llamaba *The Abraham Lincoln Brigade*. Una de las muchas obras literarias escritas sobre esa guerra fue la novela famosa de Ernest Hemingway, *Por quién doblan las campanas*.

4   Una persona que respondió a ese evento de una manera personal fue el pintor español Pablo Picasso, que en aquel tiempo vivía en París. En esa época era probablemente el artista más conocido del mundo. Fue uno de los creadores del cubismo y gran explorador de nuevos estilos y técnicas en la pintura. Su reacción fue, ese mismo verano, la creación de una pintura para la sección del gobierno español en la Feria Mundial de París. Esa obra representaba la masacre de Guernica, ese pueblo al norte de España.

5   El *Guernica* de Picasso no es una pintura realista, pero tampoco es difícil de comprender. Una bombilla eléctrica ilumina la escena como una explosión. Figuras de personas y animales se mezclan en el horror. Una mujer llora por su bebé muerto. Otras dos corren por la calle, y otra, con una lámpara en la mano, mira la masacre desde una ventana. Hay un hombre muerto, caído en el suelo. Un caballo relincha con terror. A un lado hay un toro, quizás el símbolo de España misma.

6   La composición del *Guernica* contiene mucha fuerza expresiva. Parece una explosión que empieza en el centro del cuadro. El efecto de destrucción es aumentado por las formas afiladas, que nos recuerdan los dientes de una sierra—o de un animal feroz. Picasso no necesitó usar colores para hacernos sentir el terror y el dolor. No vemos ni el amarillo de las explosiones ni el rojo de la sangre o del fuego. Todo está representado en blanco, negro y gris.

7   El *Guernica*, más que una ilustración de un evento, es un símbolo universal de los horrores de la guerra, de todo lo que sufre la gente cuando se encuentra entre facciones que luchan por el poder.

8   Durante la Segunda Guerra Mundial, se llevó la pintura al museo de Arte Moderno de Nueva York. Permaneció allí hasta 1981, cuando la llevaron a España, donde ahora está en el Museo Nacional Centro de Arte Reina Sofía.

© Pearson Education, Inc. All rights reserved.

Realidades ③

Capítulo 2   **Practice Test**

Answer questions 1–6. Base your answers on the reading, *"Guernica: La pintura como protesta"*.

Against whom did the army rebel?

    A   the Spanish government of the Republic

    B   a small town in the north of Spain

    C   the population that was fighting the civil war

    D   the foreigners who came to Spain to fight

2 Which one of the following is <u>not</u> mentioned as being depicted in Picasso's *Guernica*?

    F   a terrified horse neighing

    G   a dead man on the ground

    H   a soldier with a sword

    J   a woman crying for her dead baby

According to the article, why is the painting such a universally known landmark in the history of art?

    A   It is realistic and easy to understand.

    B   It symbolizes for everyone the horrors of war.

    C   It is a symbol of Spain itself.

    D   It illustrates a particular event in history.

4 What is one of the most remarkable facts about the painting?

    F   It inspired the novel *For Whom the Bell Tolls*.

    G   It is entirely in shades of black, gray, and white.

    H   It has been shown in Paris, New York, and Madrid.

    J   The painter was a Spaniard living in France.

5 **READ THINK EXPLAIN**   Usa información y detalles del artículo para hacer una lista de algunas de las cosas que la gente de todas partes del mundo hizo como reacción contra la guerra civil española.

6 **READ THINK CREATE**   Describe un evento especialmente emocionante o importante que conoces. Imagina que vas a representarlo en una obra de arte. ¿Qué símbolos usarás? ¿Usarás colores o materiales especiales o una técnica especial? Si es posible, dibuja la obra que te gustaría crear.

174 *Test Preparation* ▬ *Capítulo 2*   *Communication Workbook*

© Pearson Education, Inc. All rights reserved.

Nombre _____ Fecha _____

Practice Test Answer Sheet

1 Ⓐ Ⓑ Ⓒ Ⓓ   **2** Ⓕ Ⓖ Ⓗ Ⓙ   **3** Ⓐ Ⓑ Ⓒ Ⓓ

4 Ⓕ Ⓖ Ⓗ Ⓙ

5

READ
THINK
EXPLAIN

_____
_____
_____
_____
_____
_____

6

READ
THINK
CREATE

_____
_____
_____
_____
_____
_____
_____
_____
_____

© Pearson Education, Inc. All rights reserved.

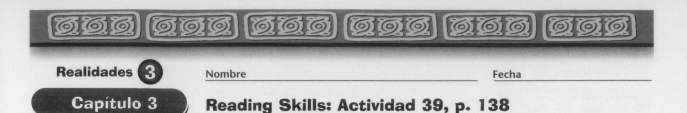
Making and Confirming Inferences

One indication of good readers is their ability to read between the lines of a text. Not only do they literally read and comprehend what a text says, but they also make inferences from what they read. An inference is an educated guess about something written in the text. An inference, because it is a guess, can never be absolutely right or wrong. However, an inference, like a conclusion, can be believable because it is based upon evidence present in the text.

Tip

One strategy that can help you as you read poetry and make inferences about what you have read is to write a Question Paper. With a Question Paper, you write the first question that occurs to you as you read a poem. After writing this first question, you have a choice: (1) write another question that occurs to you, or (2) respond to the first question. In responding to a question, you may attempt to answer the question with another question or with a statement that begins with "Maybe."

1. On page 138 in your textbook, read the lyrics to *"La Adelita"* in **Actividad 39.** Based on what you have read, fill in the Question Paper below.

   Why does Adelita follow the troops? _____

   _____

   Who is the narrator referring to when he says "aquel que tanto la quería" in the 11th line?

   _____

   Does the last stanza, "And if I die in the war and my body remains in the earth, Adelita, I ask that you don't cry for my love," give a positive or negative view of the speaker?

   Maybe it is positive because _____

   _____

   _____

   Or maybe it is negative because _____

   _____

   _____

Sample question:

2. Which is the best description of the attitude of the troops to the young woman in *"La Adelita"*?
   A They were jealous of her.
   B They thought she was too distracting.
   C They respected her.
   D They wanted her to mourn them.

© Pearson Education, Inc. All rights reserved.

Locates, Gathers, Analyzes, and Evaluates Written Information

By showing that they can locate, gather, analyze, and evaluate information from one or more reading passages, good readers demonstrate that they know how to conduct research. On a test, readers are often asked to locate, gather, analyze, and evaluate information from a reading passage and then show how to put that information to good use.

Tip

If you conduct research, you must be skilled at translating information from your reading into your own words. This often requires you to summarize what you have read. If you encounter information in one format, such as a chart, you should be able to restate that information in a different format, such as in sentences or as bullets. This is how you demonstrate your comprehension of what you have read.

1. Review the **Lectura, ¡Cambia tus hábitos!** on pages 146–148 in your textbook. Then consider this scenario: You have been invited to make an oral Power Point presentation to your classmates titled "Establishing Healthy Habits." Your presentation will include the six principal topics featured in the **Lectura**. To make your Power Point slides, however, you must identify the most important point for each of the six topics.

Topic	Most Important Point
• Eat well.	_____
• Don't eat junk food.	_____
• Keep clean.	_____
• Drink water.	_____
• No naps.	_____
• Sit up straight.	_____

Sample question:

2. In preparing a Power Point slide presentation about avoiding junk food, which information from the **Lectura** would you most likely be able to eliminate?
   A *¡No lleves dinero!*
   B *Escoge alimentos que echen a andar tu motor.*
   C *Lleva de tu casa zanahorias o pepinos.*
   D *Si comes un almuerzo nutritivo, tu rendimiento mental va a ser mucho mejor.*

© Pearson Education, Inc. All rights reserved.

Integrated Performance Assessment
Unit theme: ¿Qué haces para estar en forma?

Context for the Integrated Performance Assessment: Your Spanish teacher has created a Web site where the students in your class post their opinions on a variety of topics. This month the topic is Our Health. You believe that stress is a serious health problem for teenagers and have decided to write a blog entry on stress in the lives of you and your friends.

Interpretive Task: Watch the *Videodocumentario: ¿Qué haces para estar saludable?* from *Realidades 3, DVD 1, Capítulo 3*. Take notes on the causes of stress and what can be done to prevent it.

Interpersonal Task: Interview at least 7 students in your class. Ask them what causes stress in their lives and how it affects them. Find out what, if anything, they do to deal with the stress in their lives.

Presentational Task: Write a blog entry giving a detailed description of the causes and effects of stress in the lives of you and your friends. Explain what you and your friends do to deal with it. What more should you do to prevent or control the stress?

Interpersonal Task Rubric

	Score: 1 Does not meet expectations	Score: 3 Meets expectations	Score: 5 Exceeds expectations
Language Use	Student uses little or no target language and relies heavily on native language word order.	Student uses the target language consistently, but may mix native and target language word order.	Student uses the target language exclusively and integrates target language word order into conversation.
Vocabulary Use	Student uses limited and repetitive language.	Student uses only recently acquired vocabulary.	Student uses both recently and previously acquired vocabulary.

Presentational Task Rubric

	Score: 1 Does not meet expectations	Score: 3 Meets expectations	Score: 5 Exceeds expectations
Amount of Communication	Student gives limited or no details or examples.	Student gives adequate details or examples.	Student gives consistent details or examples.
Accuracy	Student's accuracy with vocabulary and structures is limited.	Student's accuracy with vocabulary and structures is adequate.	Student's accuracy with vocabulary and structures is exemplary.
Comprehensibility	Student's ideas lack clarity and are difficult to understand.	Student's ideas are adequately clear and fairly well understood.	Student's ideas are precise and easily understood.
Vocabulary Use	Student uses limited and repetitive vocabulary.	Student uses only recently acquired vocabulary.	Student uses both recently and previously acquired vocabulary.

© Pearson Education, Inc. All rights reserved.

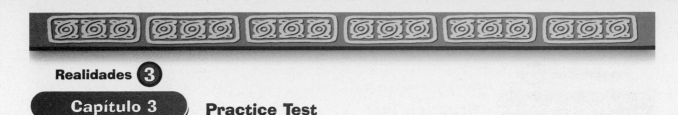

Sara María Dolores Sánchez Papillón

Adaptado de un poema de Elizabeth Millán

Hace más de una semana que tiene sarampión
Sara María Dolores Sánchez Papillón.
Sus amigas no la pueden ver, ni ella las puede visitar—
ellas por miedo del sarampión y Sara por no contagiar.
5 ¡Pobrecita! Está aburridísima.
(Pero el médico dice que pronto va a estar sanísima.)
Ella está tan cansada—
¡prefiere estudiar que no hacer nada!
No mira la televisión
10 y no le gusta la música.
¡Necesita una solución—
buena y rapidísima!
Decide una mañana
mirar por la ventana
15 para ver lo que pasa
fuera de su casa.
¡Es casi increíble lo que ve Sara!
Es el circo de don Enrique Sierra—
¡el más fabuloso de la Tierra!

© Pearson Education, Inc. All rights reserved.

20 ¡Qué espectáculo! ¡Qué divertido!
Trapecistas, tigres, elefantes,
acróbatas, osos y leones gigantes.
Hay dos chimpancés que saben cantar
y cinco hipopótamos que pueden patinar.
25 ¡Y llegan tres osos que les enseñan a bailar!
Hay perros, rinocerontes y muchos payasos—
Que caminan sonriendo y dándose abrazos.
A Sara le encanta muchísimo la atracción
y pronto se olvida del sarampión.
30 Pero un momento ...
¿Qué es esto? ¿Y qué pasa?
El circo sube. ¿Es posible? ¡Todos suben a su casa!
Y entran todos en su dormitorio:
Los chimpancés y los hipopótamos con su repertorio,
35 los perros, los rinocerontes y los elefantes,
¡y ya entran los leones gigantes!
Los osos suben y bailan sobre la cama
y los acróbatas y trapecistas completan el drama.
¡Tanto ruido! ¡Tanta confusión!
40 (Sara ni ve a los payasos subir en camión.)
—¿Qué hago? ¿Qué hago? —dice la pobre.
—¿Por qué no bajan todos por la misma escalera
y me dejan tranquila? —por fin llora Sara.
Pero nadie la escucha ni ve cuando en el dormitorio
45 entra el doctor don Félix Retiborio.
El médico mira a todos y por fin proclama:
—Nadie puede salir hasta la próxima semana.
¡Gracias al sarampión
de Sara María Dolores Sánchez Papillón!

© Pearson Education, Inc. All rights reserved.

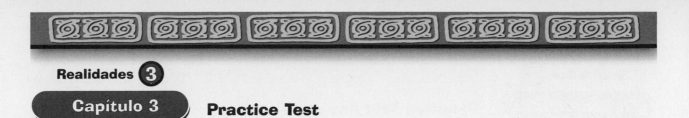
Answer questions 1–6. Base your answers on the reading "*Sara María Dolores Sánchez Papillón*".

1 Why can't anyone come to see Sara?

    A   The doctor is coming.

    B   She's going to the circus.

    C   She prefers to study.

    D   She has the measles.

2 How does Sara feel at the beginning of the poem?

    F   bored to death

    G   afraid

    H   tired of watching TV

    J   really healthy

3 Beginning at line 30, how does Sara feel about the circus animals, acrobats, and clowns?

    A   She wishes they would use the stairs.

    B   She loves all the noise and confusion.

    C   She is afraid that none of them are having fun.

    D   She wishes they'd go away and leave her alone.

4 At the end of the poem, why can't anyone leave?

    F   The doctor is standing in the doorway.

    G   They've been exposed to measles and are now contagious.

    H   Sara's measles won't be gone until next week.

    J   They are all in one another's way.

5   Cuando una persona está enferma de sarampión, a menudo tiene mucha fiebre también. Esto puede causar a la persona a tener pesadillas *(nightmares)*. ¿Crees que el poema describe una pesadilla o no? ¿Por qué?

6   Escoge por lo menos dos líneas del poema y cámbialas. No te olvides ni de la rima ni del metro. Puedes cambiar un evento o una circunstancia del poema. Tienes que mantener la misma rima y el metro de las líneas originales.

© Pearson Education, Inc. All rights reserved.

1 Ⓐ Ⓑ Ⓒ Ⓓ   **2** Ⓕ Ⓖ Ⓗ Ⓙ   **3** Ⓐ Ⓑ Ⓒ Ⓓ

4 Ⓕ Ⓖ Ⓗ Ⓙ

5

READ
THINK
EXPLAIN

_____

_____

_____

_____

_____

_____

6

READ
THINK
CREATE

_____

_____

_____

_____

_____

_____

_____

_____

© Pearson Education, Inc. All rights reserved.

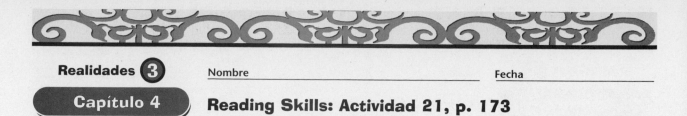

Recognizing Cause-Effect Relationships

To recognize cause-effect relationships in fiction, nonfiction, drama, or poetry, readers should be aware of why things happen (causes) as well as the consequences or results of actions (effects) in a reading passage.

Tip

To become familiar with this skill, you should be able to identify certain words or phrases that are often used to show cause-effect relationships. You should also be able to use these words or phrases to describe what you have read in a reading passage.

Here are some common cause-effect words or phrases grouped by similarity in meaning:

because	as a result
due to	hence
as a result of	thus
since	consequently
so that	therefore

1. On page 173 in your textbook, review **Actividad 21** "*¡No me vas a creer...!*" After you have finished reading, complete the sentences below.

_____.

As a result, Luis feels that he can no longer trust Manuel.

_____;

consequently, Luis called Manuel and told him their friendship was over.
Because they have been friends since first grade, have told each other secrets, and support each other in everything, Manuel _____

_____

Since she had a problem and needed advice, Clara _____

_____

Sample question:

2. Why is Manuel worried about the misunderstanding he had with Luis?
   A Because Clara does not want to continue in her relationship with Luis.
   B Because the misunderstanding might end their friendship.
   C Because Luis now wants to fight Manuel.
   D Because Manuel loves Clara, but Clara will not leave Luis to be with Manuel.

© Pearson Education, Inc. All rights reserved.

Drawing Conclusions

To draw a conclusion is to form an opinion based on evidence. Readers are often asked to draw conclusions about what they have read. This task requires readers to determine if there is enough evidence present in the text to support a certain conclusion.

Conclusion statements are simply right or wrong. They are often presented as believable or not. Conclusions are only as strong as the evidence on which they are based. If you are successful at drawing conclusions from your reading, you are likely skilled at finding evidence that supports your conclusions.

Tip

One strategy that can help you draw conclusions as you read is a two-column note activity known as Opinion-Proof. As you read, you formulate opinions about what you have read. You write these on the Opinion side of your notes. If your opinions are believable, then you should be able to write down on the Proof side all the evidence you find in the reading passage that lends support to your opinion.

1. On pages 192–194 in your textbook, review the **Lectura,** *La poesía, expresión de amor y amistad.* Focusing on Pablo Neruda's *"Poema No. 15",* fill in the Opinion-Proof chart below.

Opinion	Proof
There are many things the narrator likes about his sweetheart being quiet.	_____ _____ _____ _____
_____ _____ Some of the things that the narrator likes about his sweetheart's silence are strange, even disturbing.	*Déjame que te hable también con tu silencio...* _____ _____ _____

Sample question:

2. Which conclusion about the narrator in Pablo Neruda's *"Poema No. 15"* is most believable?
   A The silence of his sweetheart really makes him angry.
   B The smile of his sweetheart does not please him as much as her silence.
   C He believes that his voice can still touch his sweetheart even when she is silent.
   D He would prefer to listen to his sweetheart say something than to hear her silence.

© Pearson Education, Inc. All rights reserved.

Communication Workbook

Integrated Performance Assessment
Unit theme: ¿Cómo te llevas con los demás?

Context for the Integrated Performance Assessment: The Spanish language newspaper in your community wants to recognize good people and good deeds. For that reason the newspaper is sponsoring an essay contest for students in local Spanish classes. The topic of the essay for your year is "A Special Teenager," for which students are asked to describe the special qualities and good deeds of a teenager they know and admire.

Interpretive Task: Listen to several students as they talk about their friends on *Realidades 3, Audio DVD, Cap. 4, Track 3* and their friends' special qualities. (Don't worry about the directions given on the DVD itself. Use these directions instead.) Think about a teenager you know and admire and take notes as you hear something that describes him/her. Write down 2 more qualities that you admire and what he/she does as an example of each quality.

Interpersonal Task: Discuss the teenager's qualities with a partner in Spanish class and listen to your partner's description. Continue to talk about the person until you have more qualities and examples. Identify one very special thing that the teenager has done for his/her family, in school, or in the community.

Presentational Task: Write the essay for the contest. Convince the judges that your nominee deserves to be named "A Special Teenager" because of his/her qualities and what he/she does at home, in school, and in the community.

Interpersonal Task Rubric

	Score: 1 Does not meet expectations	Score: 3 Meets expectations	Score: 5 Exceeds expectations
Language Use	Student uses little or no target language and relies heavily on native language word order.	Student uses the target language consistently, but may mix native and target language word order.	Student uses the target language exclusively and integrates target language word order into conversation.
Vocabulary Use	Student uses limited and repetitive language.	Student uses only recently acquired vocabulary.	Student uses both recently and previously acquired vocabulary.

Presentational Task Rubric

	Score: 1 Does not meet expectations	Score: 3 Meets expectations	Score: 5 Exceeds expectations
Amount of Communication	Student gives limited or no details or examples.	Student gives adequate details or examples.	Student gives consistent details or examples.
Accuracy	Student's accuracy with vocabulary and structures is limited.	Student's accuracy with vocabulary and structures is adequate.	Student's accuracy with vocabulary and structures is exemplary.
Comprehensibility	Student's ideas lack clarity and are difficult to understand.	Student's ideas are adequately clear and fairly well understood.	Student's ideas are precise and easily understood.
Vocabulary Use	Student uses limited and repetitive vocabulary.	Student uses only recently acquired vocabulary.	Student uses both recently and previously acquired vocabulary.

© Pearson Education, Inc. All rights reserved.

¡Pobre inocente!

En los países de habla española a muchas personas les gusta gastar bromas *(play jokes)* a los demás el 28 de diciembre. Ese día es como el primero de abril en los Estados Unidos. En los países hispanos se llama el Día de los Inocentes y es también una fiesta religiosa que conmemora a los niños inocentes que mató el rey Herodes en tiempos bíblicos. El cuento que sigue se trata de unos jóvenes y un señor mayor que no se llevaban nada bien.

1 Hace muchos años en el pueblo colonial de Tunja, Colombia, vivía un señor español de unos cincuenta años. Era un señor alto, delgado y muy elegante. Tenía unos modales perfectos: hablaba cortésmente con todo el mundo, nunca hablaba mal de nadie porque no era chismoso, sabía escuchar a sus amigos y, por supuesto, nunca gritaba. Tenía mucha paciencia y nunca se ponía furioso. También era un esposo ideal: cariñoso, comprensivo, generoso y nada celoso. Si tenía algún defectillo era que se tomaba a sí mismo demasiado en serio. Y, quizás, era un poquito vanidoso. Este señor se llamaba don Agustín Pérez Aguirre de la Quesada, y parece que era primo del virrey de Nueva Granada (que es cómo se llamaba Colombia en aquellos años). Como don Agustín se tomaba a sí mismo tan en serio, a algunos de los jóvenes del pueblo les encantaba gastarle bromas el 28 de diciembre.

2 Así fue que un año, y con fecha del 28 de diciembre, un grupo de estos jóvenes decidieron llamar ruidosamente a la puerta de don Agustín. Llamaron a unos minutos después de la medianoche porque sabían que a estas horas, el buen señor estaba durmiendo. El primer año que llamaron a la puerta, despertaron a don Agustín, que bajó rápidamente las escaleras de su casa pensando que se trataba de una emergencia. Al abrir la puerta, los traviesos le gritaron "¡Pobre inocente!" y se fueron corriendo y riéndose. Don Agustín se molestó un poco pero los perdonó.

3 El segundo año los chicos volvieron a hacer lo mismo. El pobre señor bajó las escaleras, casi cayéndose en el pasillo, y abrió la puerta. Los chicos lo saludaron con "¡Pobre inocente!" y se escaparon. Esta vez don Agustín se enojó un poco y cuando vio a los jóvenes al día siguiente, les preguntó cómo se atrevían a hacerle estas cosas. Los chicos no contestaron.

4 El tercer año, unos minutos después de la medianoche, volvieron a llamar a la puerta. Esta vez nuestro caballero estaba bien preparado. Desde la ventana de su dormitorio, que estaba exactamente por encima de la puerta, les echó agua muy fría. Los chicos casi no tuvieron tiempo de gritar "¡Pobre inocente!" antes de escaparse.

5 Ya para el cuarto año, el señor estaba cansadísimo de estas bromas. Decidió dejar una nota en la puerta que decía: "Si ustedes vuelven a llamar, voy a hablar con sus padres y con la policía. ¡No tolero más estas bromas!" Segurísimo de que su plan era bueno, don Agustín se acostó aquella noche tranquilamente.

6 Sin embargo, unos minutos después de la medianoche alguien llamaba a la puerta. Pensando que eran los chicos otra vez, don Agustín abrió la ventana de su dormitorio decidido a gritarles porque, francamente, estaba perdiendo la paciencia. Pero no eran los chicos de siempre; era un oficial joven y elegante y, a su lado, un precioso caballo.

7 —Perdone, señor. ¿Es Ud. don Agustín Pérez Aguirre de la Quesada, primo de nuestro ilustre virrey? —preguntó cortésmente el oficial.

8 —Sí, soy yo —contestó don Agustín.

9 —Señor, tengo el honor de entregarle una carta muy importante del rey de España —le dijo el joven.

10 Muy emocionado al escuchar estas palabras, don Agustín se vistió con su mejor traje para tan importante ocasión y corrió a la planta baja para abrirle la puerta. En seguida, el joven le entregó la carta que estaba dentro de un <u>sobre</u> grande y elegantísimo. Sin esperar la contestación del señor, el oficial se despidió de él, montó en su caballo y se fue.

11 Don Agustín abrió el sobre y leyó el mensaje de la carta: "¡Pobre inocente!"

Communication Workbook

© Pearson Education, Inc. All rights reserved.

Answer questions 1–6. Base your answers on the reading *"¡Pobre inocente!"*.

1 Which of the following characteristics does <u>not</u> describe don Agustín?

    A He was a model husband.

    B He was even-tempered.

    C He was a bit of a gossip.

    D He knew how to listen.

2 The young men enjoyed playing jokes on don Agustín because

    F he always laughed at their jokes.

    G he was the viceroy's cousin.

    H he took himself so seriously.

    J he was the nicest man in town.

3 What does the word <u>*sobre*</u> mean in paragraph 10?

    A about

    B book

    C letter

    D envelope

4 The reader realizes that the young men in the town

    F want don Agustín to like them.

    G continue to play jokes on don Agustín.

    H have decided to mend their ways.

    J are nephews of the viceroy.

5 ¿Qué cualidades deben tener tus amigos? Haz una lista de cinco cualidades.

6 Describe una broma que gastaste tú una vez el primero de abril.

© Pearson Education, Inc. All rights reserved.

① Ⓐ Ⓑ Ⓒ Ⓓ   ② Ⓕ Ⓖ Ⓗ Ⓙ   ③ Ⓐ Ⓑ Ⓒ Ⓓ

④ Ⓕ Ⓖ Ⓗ Ⓙ

⑤

READ
THINK
EXPLAIN

_____

_____

_____

_____

_____

_____

⑥

READ
THINK
EXPLAIN

_____

_____

_____

_____

_____

_____

_____

_____

© Pearson Education, Inc. All rights reserved.

Determining the Author's Purpose

To determine the author's purpose for writing a book, a story, an article, or any other text, the reader must figure out why the author wrote that particular book, story, article, or text. Some common purposes for writing are to inform, to entertain, to persuade, or to describe. Readers should also be able to explain why the author uses different techniques or includes different features within a text.

Tip

Poetry is a good place to explore the author's purpose. Because poets are limited by the length and format requirements of different kinds of poems, they must be precise in their choices of words, phrases, and stanzas. Because the poet's ultimate goal is to communicate a central message, any word, phrase, or stanza that does not contribute to that central message would be eliminated.

1. On page 215 in your textbook, review the poem *"He andado muchos caminos"* by Antonio Machado in the **En voz alta**. For each of the stanzas featured below, explain the author's purpose for including it in the poem.

	Author's Purpose
en... cien riberas...	_____ _____
Y en todas partes he visto gentes que danzan o juegan, cuando pueden, y laboran, sus cuatro palmos de tierra.	_____ _____ _____ _____
Son buenas gentes que viven, laboran, pasan y sueñan, y un día como tantos, descansan bajo la tierra.	_____ _____ _____ _____

Sample question:

2. The author's purpose for writing the first stanza was
   A to convince readers that they should travel the world.
   B to describe for readers how he has lived his life.
   C to establish himself as a credible speaker with a lot of experience.
   D to explain how to avoid thinking about death.

© Pearson Education, Inc. All rights reserved.

Identifying Methods of Development and Patterns of Organization

Good readers understand the tools and techniques of authors. To identify the methods of development used by an author in a text, good readers must first determine the author's purpose by asking, "Why was this text written?" After determining the author's purpose, readers next ask, "What techniques did the author use to achieve his or her purpose?" These techniques are known as methods of development and could include, among other things, the organization pattern, the word choice, or the sentence structure used in the text.

Tip

One common type of writing in many cultures is the folk tale. Told in a simple style with characters that often symbolize large ideas, folk tales almost always teach a lesson. The lesson that a story teaches is sometimes known as the moral or theme of the story. This moral or theme is often a truth about the world we live in. In trying to determine the theme of a folk tale, you must often think symbolically or figuratively. This often requires you to pause in your reading and ask, "What larger idea could this part of the story represent or symbolize?"

1. Review the **Lectura,** *La pobreza* on pages 238–240, in your textbook. For each story event, explain what larger significance it might have if interpreted figuratively.

Event	What larger idea could this represent or symbolize?
Así pasaron muchos años y la Muerte no llegaba a nadie, aunque se enfermara la persona.	_____ _____ _____ _____
¡Vengan aquí –dijo el doctor— la Muerte está en mi poder, vengan a verla!	_____ _____ _____ _____
El señor de la Muerte le dijo a la vieja, —Vieja Pobreza, por dejarme bajar del árbol, ahora tengo mucho trabajo y no te puedo llevar…	_____ _____ _____ _____

Sample question:

2. What is the moral or theme of the folk tale *"La Pobreza"*?
   A Rich people are not as clever as poor people.
   B Poverty will always exist in our world.
   C Doctors are the only mortals who can control death.
   D Old poor people are capable of tricking death.

© Pearson Education, Inc. All rights reserved.

Integrated Performance Assessment
Unit theme: Trabajo y comunidad

Context for the Integrated Performance Assessment: The members of the Spanish Club at your high school have decided to do volunteer work in the community, but they are not sure where they want to work. The sponsor of the club has asked them to make a decision and select one place to do the volunteer work.

Interpretive Task: Listen to the announcer on a local radio station as he describes 4 possible opportunities for volunteer work on *Realidades 3, Audio DVD, Cap. 5, Track 18.* (Don't worry about the directions given on the DVD itself. Use these directions instead.) Write down the site of each job and a few words describing the qualities needed in each job. Select the job that interests you the most.

Interpersonal Task: Work with a group of students who have selected the same job that you selected. Discuss why you want to do this job and why you think that it is a good job for the other members of the Spanish Club. What qualities, special abilities and/or talents could the members of the club bring to this job? Your goal is to convince the other members of the club that this is the job for them!

Presentational Task: Make an oral presentation to the other members of the club explaining your decision and why you think it is the best decision. Try to convince them to agree with you.

Interpersonal Task Rubric

	Score: 1 Does not meet expectations	Score: 3 Meets expectations	Score: 5 Exceeds expectations
Language Use	Student uses little or no target language and relies heavily on native language word order.	Student uses the target language consistently, but may mix native and target language word order.	Student uses the target language exclusively and integrates target language word order into conversation.
Vocabulary Use	Student uses limited and repetitive language.	Student uses only recently acquired vocabulary.	Student uses both recently and previously acquired vocabulary.

Presentational Task Rubric

	Score: 1 Does not meet expectations	Score: 3 Meets expectations	Score: 5 Exceeds expectations
Amount of Communication	Student gives limited or no details or examples.	Student gives adequate details or examples.	Student gives consistent details or examples.
Accuracy	Student's accuracy with vocabulary and structures is limited.	Student's accuracy with vocabulary and structures is adequate.	Student's accuracy with vocabulary and structures is exemplary.
Comprehensibility	Student's ideas lack clarity and are difficult to understand.	Student's ideas are adequately clear and fairly well understood.	Student's ideas are precise and easily understood.
Vocabulary Use	Student uses limited and repetitive vocabulary.	Student uses only recently acquired vocabulary.	Student uses both recently and previously acquired vocabulary.

© Pearson Education, Inc. All rights reserved.

Organizaciones de voluntarios

Hay muchas organizaciones en las que puedes trabajar como voluntario(a) para ayudar
a los demás, en tu comunidad o en otros países del mundo. Cuando ayudas a las personas,
también te ayudas a ti mismo(a) porque conoces nuevos países, situaciones y personas.
Aquí tienes dos ejemplos de organizaciones de voluntarios.

Peace Corps

1 Ésta es una organización de voluntarios que estableció el Congreso de los Estados Unidos hace más de 40 años. Su misión es trabajar por la paz y el entendimiento en todo el mundo. Esta organización envía a personas entrenadas como voluntarios a los países necesitados e interesados en el programa. Las áreas en las que la organización puede ayudar son educación, medio ambiente, salud, agricultura y economía.

2 Muchos jóvenes estadounidenses sirven como voluntarios del Peace Corps; desde que se fundó en 1961, más de 170.000 voluntarios han servido en unos 136 países de África, América Central, América del Sur, Asia y Europa. Estos jóvenes ayudan a la gente y también aprenden mucho sobre la cultura y el idioma del país en el que están situados. Los voluntarios reciben tres meses de entrenamiento y después viven dos años en el país asignado. Muchos voluntarios repiten la experiencia varias veces.

3 Una joven que sirvió como voluntaria en Paraguay describe su experiencia en este pequeño país sudamericano:

4 "Cuando llegué a Paraguay, trabajé como consultora de un nuevo programa para enseñar a los niños preescolares. En el pasado, no hubo programas como éste y los niños entraron en el primer grado sin ninguna preparación. Muchos de estos niños sólo hablaban guaraní y como resultado tuvieron que quedarse en este grado por más de un año porque les faltaba preparación adecuada. Después de trabajar en ese programa por dos años, decidí quedarme en Paraguay un año más. Trabajé como coordinadora de un programa de salud para la oficina del Peace Corps en Asunción. En este trabajo, viajé a diferentes lugares para ayudar a los nuevos voluntarios. Y

durante los últimos tres meses, trabajé para establecer un nuevo proyecto para los jóvenes. Para mí, la experiencia de ser voluntaria para el Peace Corps fue una de las más difíciles de toda mi vida pero también una de las más importantes."

AmeriCorps

5 AmeriCorps es una organización de voluntarios que trabajan en las comunidades urbanas y rurales de los Estados Unidos. En 1993, el Presidente Clinton firmó el *National and Community Service Trust Act* que estableció la Corporation for National Service, una corporación encargada de servir a las comunidades de los Estados Unidos.

6 En 1994, los primeros voluntarios empezaron a servir en más de 1.000 comunidades. En los cinco primeros años, más de 100.000 voluntarios enseñaron a los niños a leer, hicieron más seguras las comunidades, ayudaron a las víctimas de desastres naturales y participaron en otras actividades que beneficiaron a personas y comunidades necesitadas. Después de terminar su servicio, casi el 99 por ciento de los voluntarios de AmeriCorps dicen que piensan seguir sirviendo a la comunidad.

7 Una voluntaria describe así sus sentimientos sobre servir a la comunidad: "Antes de trabajar como voluntaria para AmeriCorps, nunca hice servicio comunitario. Ahora pienso dedicarme a hacerlo cuando tenga tiempo libre."

8 Otro voluntario dice: "No sabía nada sobre organizaciones como AmeriCorps. Creo que AmeriCorps me enseñó cómo funciona esta clase de organizaciones."

9 Otra ventaja de servir como voluntario de AmeriCorps es obtener habilidades que se pueden usar en el mundo del trabajo.

© Pearson Education, Inc. All rights reserved.

Capítulo 5   **Practice Test**

Answer questions 1–6. Base your answers on the reading *"Organizaciones de voluntarios"*.

1 Which one of the following is <u>not</u> an area in which the Peace Corps offers assistance?

   A   education   **C**   environment

   B   health   **D**   athletic training

2 Three of the following statements are false. Which one is true?

   F   Peace Corps volunteers don't learn about other cultures and languages.

   G   Peace Corps volunteers receive no special training.

   H   Peace Corps volunteers serve throughout the world.

   J   Peace Corps volunteers usually serve for a period of three years.

3 AmeriCorps was created to

   A   compete with the Peace Corps.

   B   provide community-service opportunities in the United States.

   C   provide community-service opportunities throughout the world.

   D   provide job-training opportunities for interested citizens.

4 According to the article, which of the following is <u>not</u> one of the advantages of joining AmeriCorps?

   F   learning to speak another language

   G   getting involved in community-service programs

   H   learning skills that may be valuable to employers

   J   motivating others to participate in community-service activities

5 Three of the following statements are true. Which one is false?

   A   Peace Corps and AmeriCorps volunteers often choose to extend their service.

   B   Peace Corps and AmeriCorps volunteers participate in community-service activities that improve the quality of life for others.

   C   Peace Corps and AmeriCorps have been in existence for more than 40 years.

   D   Peace Corps and AmeriCorps were created by Acts of Congress.

6 ¿Por qué crees que la experiencia de la voluntaria en Paraguay fue tan difícil para la jóven del artículo?

7 Imagina que quieres trabajar como voluntario(a) para una de estas dos organizaciones. ¿Para cuál te gustaría trabajar? ¿Por qué?

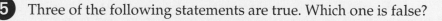

© Pearson Education, Inc. All rights reserved.

Communication Workbook

1 Ⓐ Ⓑ Ⓒ Ⓓ   **2** Ⓕ Ⓖ Ⓗ Ⓙ   **3** Ⓐ Ⓑ Ⓒ Ⓓ

4 Ⓕ Ⓖ Ⓗ Ⓙ   **5** Ⓐ Ⓑ Ⓒ Ⓓ

6

READ
THINK
EXPLAIN

_____
_____
_____
_____
_____
_____

7

READ
THINK
EXPLAIN

_____
_____
_____
_____
_____
_____
_____
_____
_____

© Pearson Education, Inc. All rights reserved.

Communication Workbook

Determining the Main Idea and Identifying Relevant Details

To know the relevant details in a reading passage is to know which ones are most important. The first step in identifying the relevant details is to identify the main idea of the passage. The relevant details are the ones that help support the main idea. After reading a passage, good readers ask themselves, "What is this passage mostly about?" and "Which details in the passage help support, explain, or prove the main idea?"

Tip

You will probably be better able to identify the main idea and the relevant details when you have a graphic organizer. The graphic organizer below presents the main idea as if it were the roof of a house and the relevant details as the columns supporting the roof or main idea.

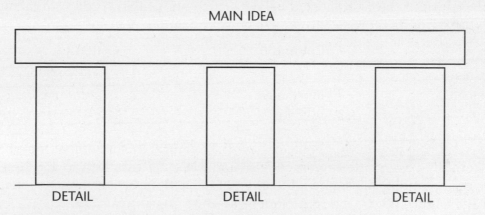

MAIN IDEA

DETAIL   DETAIL   DETAIL

1. On pages 278–279 in your textbook, review the **Puente a la cultura,** *La arquitectura del futuro.* After reading, write the statements below in their appropriate place in the graphic organizer. One statement is irrelevant and it will not belong.
   - *El argentino César Pelli es uno de los arquitectos que diseñan los edificios del futuro.*
   - *Un edificio que impresiona por su estilo futurístico es el Milwaukee Art Museum, diseñado por el arquitecto español Santiago Calatrava.*
   - *Los edificios del futuro serán más eficientes, mejores y más inteligentes.*
   - *Otro edificio futurista es el Faro del Comercio en Monterrey, México, diseñado por el arquitecto mexicano Luis Barragán.*
   - *Se consideran Las Torres Petronas entre los edificios más altos del mundo.*

Sample question:

2. Which statement below does NOT help support the main idea of the *"La arquitectura del futuro"*?
   A *Un edificio que impresiona por su estilo futurístico es el Milwaukee Art Museum, diseñado por el arquitecto español Santiago Calatrava.*
   B *Otro edificio futurista es el Faro del Comercio en Monterrey, México, diseñado por el arquitecto mexicano Luis Barragán.*
   C *Los edificios del futuro usarán el titanio y las fibras del carbon y grafito.*
   D *Se consideran Las Torres Petronas entre los edificios más altos del mundo.*

© Pearson Education, Inc. All rights reserved.

Determining the Author's Point of View

To determine the author's point of view in a reading selection, the reader must figure out how the author feels about a subject in the reading selection. To begin with, readers should be able to identify when an author feels positive, negative, or neutral toward a subject. As you gain more practice with this skill, you should then be able to identify a wide range of emotions or attitudes shown by authors. Some of these might include admiration, nostalgia, sarcasm, surprise, and sympathy.

Tip

To figure out the author's point of view toward his or her subject, try to locate words, phrases, or sentences in the text that have positive or negative associations or connotations. For example, consider the words listed below. Which one of the words sounds more positive? Which sounds more negative? Which sounds more neutral?

Column A	Column B	Column C
1. denim pants	**1.** faded jeans	**1.** hand-me-downs
2. cafeteria food	**2.** lunch time	**2.** five-star meal
3. classic car	**3.** used car	**3.** midsize car

1. On pages 284–286 in your textbook, review the **Lectura**, *Rosa*. Look at the phrases below from the passage that refers to Rosa and place a **+** sign next to any item that has positive connotations, a **−** sign next to any phrase with negative connotations, and a **0** next to any phrase where the connotations seem to be neutral.

_____ *Tus antecedentes son extraordinarios.*

_____ *...la pesadumbre de Rosa se transformó de pronto en una ráfaga de orgullo.*

_____ *...ya soy demasiada vieja.*

_____ *Para trabajar allí se necesita tener mucha experiencia.*

_____ *...las luces incandescentes les daban un aspecto limpio, reluciente, casi de implacable frialdad.*

_____ *...los hombres llevaban la vieja y pesada computadora.*

Sample question:

2. In the story *"Rosa,"* which is the best expression of the author's point of view toward Rosa?

A angry that computers like Rosa have taken over the world

B happy that Rosa will be replaced, but hopeful that she will find a better place for herself

C sympathetic with Rosa's situation, but not angry that she will be replaced

D indifferent about machines like computers, but sympathetic toward the humans who operate them

© Pearson Education, Inc. All rights reserved.

Integrated Performance Assessment
Unit theme: ¿Qué nos traerá el futuro?

Context for the Integrated Performance Assessment: The end of the school year is near and the Spanish Department is hosting a series of panel discussions on a variety of topics related to the future. Your class has been asked to talk about *Mis planes para el futuro* and your Spanish teacher has asked you to prepare your presentation for the panel discussion. He/she also wants you to give some advice to the younger students who will hear your presentation on your plans for the future.

Interpretive Task: Listen to six young people as they discuss their plans for the future on *Realidades 3, Audio DVD, Cap. 6, Track 15.* (Don't worry about the directions given on the DVD itself. Use these directions instead.) As you listen, think about your plans and write down ideas that you hear that interest you. What advice will you give to the younger students?

Interpersonal Task: Work with another student and discuss your plans with him/her. Share the advice you plan to give during your presentation. Ask each other questions about your plans and the advice until you feel that you have enough details for your presentation.

Presentational Task: Go to the panel discussion and present your plans and advice to the other students in attendance. Make sure your presentation is clear and interesting!

Interpersonal Task Rubric

	Score: 1 Does not meet expectations	Score: 3 Meets expectations	Score: 5 Exceeds expectations
Language Use	Student uses little or no target language and relies heavily on native language word order.	Student uses the target language consistently, but may mix native and target language word order.	Student uses the target language exclusively and integrates target language word order into conversation.
Vocabulary Use	Student uses limited and repetitive language.	Student uses only recently acquired vocabulary.	Student uses both recently and previously acquired vocabulary.

Presentational Task Rubric

	Score: 1 Does not meet expectations	Score: 3 Meets expectations	Score: 5 Exceeds expectations
Amount of Communication	Student gives limited or no details or examples.	Student gives adequate details or examples.	Student gives consistent details or examples.
Accuracy	Student's accuracy with vocabulary and structures is limited.	Student's accuracy with vocabulary and structures is adequate.	Student's accuracy with vocabulary and structures is exemplary.
Comprehensibility	Student's ideas lack clarity and are difficult to understand.	Student's ideas are adequately clear and fairly well understood.	Student's ideas are precise and easily understood.
Vocabulary Use	Student uses limited and repetitive vocabulary.	Student uses only recently acquired vocabulary.	Student uses both recently and previously acquired vocabulary.

© Pearson Education, Inc. All rights reserved.

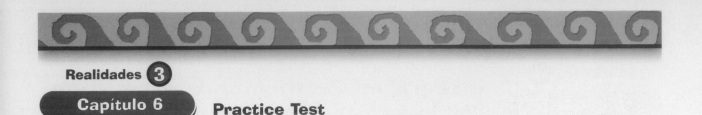

Viaje a la Luna

Adaptado de un cuento de Judy Veramendi

¿Qué hay en tu futuro? ¿Quizás un viaje en una nave espacial (spaceship)?

1 ¡Estoy contentísima porque gané un concurso de ciencias de mi escuela, y el premio ha sido un viaje al Centro Espacial Kennedy en la Florida! Me fascina todo lo relacionado con la exploración espacial y sigo con gran interés los viajes al espacio y las investigaciones científicas de Marte, Júpiter, Saturno y otros planetas. Pienso estudiar astronomía en la universidad y luego hacerme astronauta para poder viajar al espacio. Por eso el viaje al Centro Espacial es una gran oportunidad. Voy a ver naves espaciales, y quizás puedo entrar en una de ellas. ¡Qué emocionante!

2 Hoy es el día del viaje y ya he subido al avión que nos llevará a Orlando. Durante el viaje empiezo a pensar en tantas cosas ... imagino que estoy delante de los controles de una nave espacial ... ¡en vuelo a Marte!

3 El resto del viaje pasa muy rápido, y pronto llegamos al Centro Espacial. Estoy con un grupo de otros estudiantes y un ingeniero de NASA nos habla de los avances tecnológicos más recientes. Como me interesa todo, me quedo un poco separada del grupo y miro las cosas otra vez. Pronto me doy cuenta de que estoy completamente sola. ¿Dónde estarán los demás? Sigo por un pasillo y veo una puerta cerrada con un letrero que dice "Prohibido entrar." Sin pensarlo dos veces, entro rápidamente por esa puerta.

4 Ya estoy dentro de un cuarto enorme y oscuro, pero en el centro hay una nave espacial tan blanca e iluminosa, que no necesito encender la luz. De sus motores se escapan pequeñas nubes de vapor. Una escalera altísima llega hasta la puerta de la nave. No hay nadie, así que me atrevo a subir la escalera, entrar en la nave y sentarme delante de los controles. La puerta se cierra automáticamente y de repente oigo un tremendo ruido y todo empieza a vibrar. Por una ventanilla veo que el techo del edificio en el que estoy se está abriendo lentamente.

5 De repente, una voz como de computadora dice: —Todo está listo. ¡Prepárense!

6 Sigo sentada, llena de emoción. No tengo miedo, porque estoy realizando lo que más quiero en la vida. La nave sube y delante de mí veo el cielo azul. En seguida siento una fuerza enorme contra mi pecho y casi no puedo respirar. Y es dificilísimo moverme la cabeza — parece hecha de piedra. Poco a poco la presión desaparece y de repente estoy flotando en el aire como si fuera una nube. Por la ventanilla veo todo el continente americano. El cielo que antes era azul se ha puesto negro y hay millones de estrellas. ¡Qué espectáculo! Ahora veo la Tierra entera. Se parece a un precioso globo azul y blanco, suspendido en el espacio.

7 Poco a poco <u>la Tierra</u> se hace más pequeña, pero la Luna ya es un enorme disco blanquísimo que se hace más grande a cada paso. Creo que la nave está programada para ir a la Luna. ¡Voy a ser la primera mujer que va a la Luna!

8 Otra vez oigo la voz de computadora: —Soy su piloto. Dentro de unos minutos llegamos a Orlando.

9 ¿Orlando? ¡Pero Orlando está en la Florida! Alguien me dice: —Despiértese señorita, por favor, y abróchese el cinturón. Ya llegamos. Vamos a <u>aterrizar</u> en unos minutos.

10 Abro los ojos y me doy cuenta de que es la auxiliar de vuelo. Miro por la ventanilla del avión y veo el aeropuerto de Orlando. Estoy un poco triste porque en realidad yo nunca había salido de mi asiento del avión. Pero ... ¿qué pasará en el Centro Espacial? ¡Pueden ocurrir muchas cosas ... !

© Pearson Education, Inc. All rights reserved.

Communication Workbook

Realidades 3

Capítulo 6   **Practice Test**

Answer questions 1–6. Base your answers on the reading *"Viaje a la Luna"*.

1 The first three paragraphs are mainly about

    A   the writer's adventures on the spacecraft.

    B   the writer's interest in outer space and her trip to Orlando.

    C   a description of NASA.

    D   the writer's trip to outer space.

2 What did the writer <u>not</u> see during her trip to outer space?

    F   the entire Earth

    G   the American continent

    H   Mars

    J   the Moon

3 What is the importance of paragraph 8?

    A   It explains why the writer really went to Orlando.

    B   It describes the airline pilot.

    C   It shows that the writer had been dreaming.

    D   It demonstrates that computers are human.

4 What does *aterrizar* mean in paragraph 9?

    F   visit

    G   terrify

    H   land

    J   take off

5 Imagina que estás en un Centro Espacial y estás delante de una puerta con un letrero que dice "Prohibido entrar." ¿Entras o no? Explica porqué.

6 Eres astronauta y acabas de regresar de un viaje al espacio. Describe tu viaje —tus emociones y lo que viste desde la nave espacial.

© Pearson Education, Inc. All rights reserved.

1 Ⓐ Ⓑ Ⓒ Ⓓ **2** Ⓕ Ⓖ Ⓗ Ⓙ **3** Ⓐ Ⓑ Ⓒ Ⓓ

4 Ⓕ Ⓖ Ⓗ Ⓙ

5

READ
THINK
EXPLAIN

_____

_____

_____

_____

_____

_____

6

READ
THINK
CREATE

_____

_____

_____

_____

_____

_____

_____

_____

_____

© Pearson Education, Inc. All rights reserved.

Communication Workbook

Recognizing Cause-Effect Relationships

To recognize cause-effect relationships in fiction, nonfiction, drama, or poetry, readers should be aware of why things happen (causes) as well as the consequences or results of actions (effects) in a reading passage.

Tip

When you read with a purpose, you are more likely to comprehend what you have read than when you read passively. To read with a purpose, you should have a question in your mind as you read. Your reading then becomes an active search for the answer to your question.

One way to develop into someone who reads with a purpose is to pause periodically in your reading and ask "Why?" Try to formulate questions that begin with "Why" whose answers can be located in the text. This is also an effective way to recognize cause-effect relationships in a text.

1. On page 318 in your textbook, review **Actividad 27 "Una leyenda quiché."** After you have finished reading, answer the questions below. Then formulate your own "Why" questions and answers based on what you have read.

   Why, according to the legend, is the quetzal bird green and red in color?

   _____

   _____

   Why couldn't the arrows of other warrior tribes injure Quetzal?

   _____

   _____

   Why _____ ?

   _____

   Why _____ ?

   _____

Sample question:

2. In **"Una leyenda quiché,"** why did a hummingbird appear to Quetzal when he was walking through the forest?
   A to warn him that someone wanted to kill him
   B to give him a feather to use as protection against injury
   C to bring him a message from his dead father
   D to help Chiruma murder Quetzal

© Pearson Education, Inc. All rights reserved.

Determining the Main Idea

To determine the main idea of reading passage, the reader must be able to describe what a reading passage is mostly about. He or she should be able to summarize the main idea of a reading passage in one sentence. A common problem when working with this skill is confusing an important detail in the reading passage with the main idea. Just because something is mentioned in the reading passage does not mean it is the main idea of the passage. This is often called an implied main idea. No matter if the main idea is stated or implied, the basic question remains the same: "What is this reading passage mostly about?"

Tip

Readers are more likely to understand a reading passage when it deals with a topic with which the reader is already familiar. This familiarity with a topic is known as the reader's prior knowledge. Activating your prior knowledge before reading something is one way to improve your understanding of that reading passage. One popular method of activating your prior knowledge is a K-W-L chart.

1. Before reading, complete the **L** and **W** portions of the chart. After you have written down your responses, share them with a classmate. Then read the **Lectura, *Don Quijote de la Mancha*** on pages 330–331 in your textbook. After reading, complete the **L** portion of the chart.

K **What I Already Know**	**W** **What I Want to Know**	**L** **What I Learned from Reading**
List 3 things you already about the topic of Don Quijote. Even if your facts are wrong, try to write something.	*List 3 things that you would like to know about "Don Quijote." Even if that character does not personally interest you, try to write something.*	*List 2 important details that you learned from your reading of the excerpt from "Don Quijote de la Mancha." Then state in one sentence what the story is mostly about.*
1. _____ 2. _____ 3. _____	1. _____ 2. _____ 3. _____	1. _____ 2. _____ 3. This passage was mostly about _____ .

Sample question:

2. What is the main idea of the excerpt from ***"Don Quijote de la Mancha"***?
   A A brave knight frees three men who were unjustly accused of being criminals.
   B An odd knight frees three criminals who show little gratitude toward the knight.
   C An experienced knight captures three criminals who have escaped from their guards.
   D A dishonest knight frees three criminals with the hope of turning them back in for reward money.

© Pearson Education, Inc. All rights reserved.

Integrated Performance Assessment
Unit theme: ¿Mito o realidad?

Context for the Integrated Performance Assessment: You and several classmates have just returned from spending 3 weeks in Mexico as exchange students. The local Spanish language newspaper is very interested in your trip and your experiences. The editor has asked each of you to write an article on a different aspect of your trip. Your topic deals with the ruins of ancient civilizations that you saw in Mexico.

Interpretive Task: Watch the *Videodocumentario: ¿Cómo se explican los misterios del mundo?* from *Realidades 3, DVD 2, Capítulo 7*. This video describes two of the sites you saw in Mexico. Take notes on them. What are their names? Why were they important? What did you see at each site? Focus on what you see as well as what you hear. Afterwards, think about what you know about the Maya and Aztec civilizations and write down a few facts.

Interpersonal Task: Work with a group of 3 or 4 students. Discuss the information you have in your notes from the video. What did you see and do during your visit to the ruins? What do you know about the Maya and Aztec civilizations that you can use in your article?

Presentational Task: Write your article for the newspaper. Mention the names of the sites you visited, what you saw and did at each site, and what you learned about the Maya and Aztec civilizations. What did you enjoy and find interesting during your visit to the ruins?

Interpersonal Task Rubric

	Score: 1 Does not meet expectations	Score: 3 Meets expectations	Score: 5 Exceeds expectations
Language Use	Student uses little or no target language and relies heavily on native language word order.	Student uses the target language consistently, but may mix native and target language word order.	Student uses the target language exclusively and integrates target language word order into conversation.
Vocabulary Use	Student uses limited and repetitive language.	Student uses only recently acquired vocabulary.	Student uses both recently and previously acquired vocabulary.

Presentational Task Rubric

	Score: 1 Does not meet expectations	Score: 3 Meets expectations	Score: 5 Exceeds expectations
Amount of Communication	Student gives limited or no details or examples.	Student gives adequate details or examples.	Student gives consistent details or examples.
Accuracy	Student's accuracy with vocabulary and structures is limited.	Student's accuracy with vocabulary and structures is adequate.	Student's accuracy with vocabulary and structures is exemplary.
Comprehensibility	Student's ideas lack clarity and are difficult to understand.	Student's ideas are adequately clear and fairly well understood.	Student's ideas are precise and easily understood.
Vocabulary Use	Student uses limited and repetitive vocabulary.	Student uses only recently acquired vocabulary.	Student uses both recently and previously acquired vocabulary.

© Pearson Education, Inc. All rights reserved.

Una leyenda afrocubana

Los esclavos *(slaves)* africanos que fueron llevados a Cuba en el siglo XVI contaron historias
fantásticas llamadas *patakines* para conservar sus tradiciones y creencias.
Éstas sirvieron para enseñar lecciones, o moralejas, sobre la vida. La siguiente historia nos
relata cómo el dios Obatalá escogió a la mejor persona para ser líder de todo el mundo.

1 Hace mucho tiempo, Obatalá observó que Orula era muy imaginativo. En más de una ocasión pensó que podía ser líder de todo el mundo, pero al pensarlo con cuidado decidió que Orula era demasiado joven para una misión de tanta importancia. Sin embargo, un día Obatalá quiso saber si Orula era tan capaz como parecía, y le dijo: —Prepárame la mejor comida posible.

2 Orula escuchó lo que le pidió Obatalá y, sin responder, fue directamente al mercado para comprar una lengua de toro. La preparó usando condimentos y la cocinó de una manera tan singular que Obatalá se la comió. Cuando terminó la comida, Obatalá le preguntó por qué la lengua era la mejor comida que se podía preparar. Orula respondió a Obatalá: —Con la lengua se considera todos los aspectos de una discusión, se proclama la virtud, se exaltan las obras y los modales, y también se dicen cosas muy buenas sobre las personas...

3 Cuando pasó algún tiempo, Obatalá le dijo a Orula: —Prepárame otra comida, pero esta vez debe ser la peor comida posible.

4 Orula regresó al mercado, compró otra lengua de toro, la cocinó y se la presentó a Obatalá.

5 Cuando Obatalá vio la misma comida, le dijo: —¡Orula!, ¿cómo es posible? Cuando me serviste esta comida antes me dijiste que era la mejor, y ahora me la presentas como la peor.

6 Orula respondió a Obatalá: —Es verdad que antes te dije que era la mejor. Pero ahora te digo que es la peor, porque con ella se vende y se pierde a todos los habitantes de una comunidad, se dicen cosas malas contra las personas, se destruye su buena reputación y se hacen las acciones más crueles que sean posibles.

7 Obatalá, maravillado de la inteligencia y precocidad de Orula, lo proclamó líder de todo el mundo.

© Pearson Education, Inc. All rights reserved.

Answer questions 1–6. Base your answers on the reading *"Una leyenda afrocubana"*.

1 Why did Obatalá order Orula to cook the best meal possible?

   A   to prove that he was the best chef around

   B   to prove that he was capable of finding a market that sold the best ingredients

   C   to prove that he was capable of ruling the entire world

   D   to prove that he was too young to cook such a meal

2 According to Orula, what was one reason why the bull's tongue was the best meal?

   F   It was prepared with the right condiments.

   G   It was prepared in a special way.

   H   It allowed someone to say nice things about himself or herself.

   J   It allowed someone to weigh all sides of an issue.

3 According to Orula, what was one reason why the bull's tongue was also the worst meal?

   A   It was purchased from a different market.

   B   It was served without being cooked.

   C   It allowed someone to do the cruelest things possible.

   D   It prevented someone from saying uncomplimentary things about others.

4 Based on what the reader knows about Orula, the word *precocidad* in paragraph 7 is the quality of showing

   F   a great sense of humor.

   G   mature qualities at an early age.

   H   excellent cooking skills.

   J   great shopping skills.

5 ¿Qué crees que simboliza la lengua en esta leyenda? ¿Qué moraleja crees que enseña esta leyenda?

6 ¿En qué se parecen esta leyenda y otras leyendas que conoces?

© Pearson Education, Inc. All rights reserved.

1 Ⓐ Ⓑ Ⓒ Ⓓ   **2** Ⓕ Ⓖ Ⓗ Ⓙ   **3** Ⓐ Ⓑ Ⓒ Ⓓ

4 Ⓕ Ⓖ Ⓗ Ⓙ

5

READ
THINK
EXPLAIN

_____

_____

_____

_____

_____

_____

6

READ
THINK
EXPLAIN

_____

_____

_____

_____

_____

_____

_____

_____

© Pearson Education, Inc. All rights reserved.

Locates, Gathers, Analyzes, and Evaluates Written Information

By showing that they can locate, gather, analyze, and evaluate information from one or more reading passages, good readers demonstrate that they know how to conduct research. On a test, readers are often asked to locate, gather, analyze, and evaluate information from a reading passage and then show how to put that information to good use.

Tip

When you conduct research, you should become skilled at translating information from your reading into your own words. If you encounter information in one format, such as in a chart or in an essay, you should be able to restate that information in a different format, such as in sentences or as bullets. This is how you demonstrate your comprehension of what you have read.

1. Review **Actividad 24** *"Mi herencia africana"* on page 362 in your textbook, and complete the chart about the narrator.

Her Cultural Heritage	How is this portrayed in the reading?
Africa	_____ _____ _____
Spain	_____ _____
Native America/indigenous	_____ _____
Dominican Republic	_____ _____ _____
United States	_____ _____

Sample question:

2. Based on your reading of *"Mi herencia africana,"* the culture of which of the following places seems to have the least influence in the narrator's current life?
   A Africa
   B Spain
   C Native America/indigenous
   D United States

© Pearson Education, Inc. All rights reserved.

Identifying Methods of Development and Patterns of Organization

Good readers understand the tools and techniques of authors. To identify the methods of development used by an author in a text, you must first determine the author's purpose by asking, "Why was this text written?" After determining the author's purpose, you next ask, "What techniques did the author use to achieve his or her purpose?" These techniques are known as methods of development and could include, among other things, the organization pattern, word choice, or sentence structure used in the text.

Tip

Two common techniques used by writers of fiction are the dream sequence and the flashback. These two techniques are similar because they require you to keep track of two separate realities in the narrative: between real life and the imaginary events in a dream sequence or between the present time and the past in a flashback. In the same way that the events in a flashback will often have relevance to the events in the present time, in a dream sequence, events in the dream will often have relevance to the events in real life.

1. On pages 376–378 in your textbook, review the **Lectura, *El último sol*.** In the left column in the chart below is a summary of events from the story's dream sequence. Complete the right column with events from Daniel's life related to the dream sequence.

Dream Sequence Events	Daniel's Real Life Events
Tozani's (Daniel's) wife tells him that he must dress for war and go to the Templo Mayor.	_____ _____ _____
The Emperor Moctezuma wants to send Tozani on a special mission.	_____ _____ _____
Chalchi reassures Tozani that Moctezuma believes that the Spaniards are white gods sent by the Aztec God Quetzalcóatl.	_____ _____ _____

Sample question:

2. Based on your understanding of the use of dream sequences in narratives, which event would be most believable in the real life of the narrator, Daniel?
   A Daniel is a Spaniard living in Mexico City.
   B Daniel's boss needs Daniel to take on a special project at work.
   C Daniel works as a tour guide at the Anthropology Museum in Mexico City.
   D Daniel wants to break up with his girlfriend, Chalchi.

© Pearson Education, Inc. All rights reserved.

Integrated Performance Assessment
Unit theme: Encuentro entre culturas

Context for the Integrated Performance Assessment: As part of the celebration of "Our Heritage Month" at your school, your Spanish teacher has set up a Web site for the students in your Spanish class to post blog entries about their own heritage. Your blog should describe what you know and would like to know about your family history and cultural heritage.

Interpretive Task: Listen to several students describe what they would like to know and do with regards to their family history and cultural heritage on *Realidades 3, Audio DVD, Cap. 8, Track 14.* (Don't worry about the directions given on the DVD itself. Use these directions instead.) As you listen, write down ideas that are interesting to you. After hearing the selection, think about your family history. What do you know about your ancestors? Where did they come from and where did they settle? Why did they leave their countries of origin? What more would you like to know about your heritage? Why?

Interpersonal Task: Work with a group of 2 or 3 students. Tell them what you know about your family history and what more you would like to know. Explain why. Ask each other questions about your family history and cultural heritage. Is there a place you would like to visit? If so, where? Why? Write down more ideas as you work with the group so that you have plenty of ideas for your blog entry.

Presentational Task: Write your blog entry. Introduce yourself and describe your family history. Explain what you would like to know and do with regards to your cultural heritage and why.

Interpersonal Task Rubric

	Score: 1 Does not meet expectations	Score: 3 Meets expectations	Score: 5 Exceeds expectations
Language Use	Student uses little or no target language and relies heavily on native language word order.	Student uses the target language consistently, but may mix native and target language word order.	Student uses the target language exclusively and integrates target language word order into conversation.
Vocabulary Use	Student uses limited and repetitive language.	Student uses only recently acquired vocabulary.	Student uses both recently and previously acquired vocabulary.

Presentational Task Rubric

	Score: 1 Does not meet expectations	Score: 3 Meets expectations	Score: 5 Exceeds expectations
Amount of Communication	Student gives limited or no details or examples.	Student gives adequate details or examples.	Student gives consistent details or examples.
Accuracy	Student's accuracy with vocabulary and structures is limited.	Student's accuracy with vocabulary and structures is adequate.	Student's accuracy with vocabulary and structures is exemplary.
Comprehensibility	Student's ideas lack clarity and are difficult to understand.	Student's ideas are adequately clear and fairly well understood.	Student's ideas are precise and easily understood.
Vocabulary Use	Student uses limited and repetitive vocabulary.	Student uses only recently acquired vocabulary.	Student uses both recently and previously acquired vocabulary.

© Pearson Education, Inc. All rights reserved.

La herencia hispana en los Estados Unidos

En los Estados Unidos hay muchos pueblos y ciudades que tienen una importante herencia hispana y que hoy día tienen una población hispana bastante grande. Aquí tienes cuatro ejemplos.

San Diego

San Diego es la segunda ciudad más grande del estado de California y la séptima más grande de los Estados Unidos. Tiene más de un millón y cuarto de habitantes. Muchas veces se dice que San Diego es el lugar donde empezó el estado de California. En 1542 Juan Rodríguez Cabrillo llegó a este lugar, que no se llamó San Diego hasta sesenta años más tarde. En 1769 Fray Junípero Serra fundó allí la primera de sus nueve misiones en California. Hoy día es una ciudad importante por el turismo y la industria de las computadoras.

St. Augustine (San Agustín)

Esta ciudad está en el noreste de la Florida, en la costa del océano Atlántico. San Agustín fue la primera ciudad fundada por los españoles en el territorio que hoy es los Estados Unidos. Empezó como una misión religiosa fundada en 1565 por el español Pedro Menéndez de Avilés. Hoy día es una ciudad de 12.000 habitantes, más o menos, que vive del turismo. San Agustín todavía conserva un centro antiguo donde se pueden ver arquitectura colonial muy bonita y la iglesia de la antigua misión.

Santa Fe

Santa Fe fue fundada en 1609 como la capital de la colonia española de Nuevo México. En aquel tiempo, Santa Fe era una ciudad muy importante para el comercio entre todas las colonias españolas del continente americano, porque aquí terminaba el Camino Real, una "carretera" que empezaba en Perú y pasaba por todo el continente. Hoy es una ciudad que está de moda porque su vida cultural es muy interesante. Muchos artistas y artesanos viven allí. A los turistas les encanta Santa Fe por sus museos, galerías de arte y exposiciones de arte indígena. Todavía conserva su identidad colonial española en su arquitectura y en su estilo de vida.

Laredo

Esta ciudad está en el sur del estado de Texas, al lado del río Grande. El 90 por ciento de sus habitantes son hispanos. Laredo fue el primer lugar fundado por los españoles en los Estados Unidos, en 1755, que no era ni religioso ni militar. Después de la guerra de 1848 entre México y los Estados Unidos, cuando se estableció la frontera entre los dos países, los habitantes de Laredo que querían ser mexicanos fundaron la ciudad de Nuevo Laredo, al otro lado del río Grande, en México. Hoy día, Laredo está creciendo más rápidamente que cualquiera otra ciudad en Texas. Todavía conserva su centro histórico y antiguo de tradición española, que incluye el mercado y la iglesia de San Agustín.

© Pearson Education, Inc. All rights reserved.

 **Realidades 3**

Capítulo 8   **Practice Test**

Answer questions 1–6. Base your answers on the reading *"La herencia hispana en los Estados Unidos"*.

1 What types of buildings typically remain as remnants of Spanish heritage in the United States?

    A   business establishments

    B   educational institutions

    C   municipal buildings

    D   churches

2 Based on the reading, which one of the following statements is <u>not</u> true?

    F   All four cities are important to the economy of their states.

    G   All four cities were initially religious centers or missions.

    H   All four cities have preserved their Spanish heritage through architecture.

    J   All four cities are located in states with large Spanish-speaking populations.

3 Which of the cities mentioned in the article received its present name sixty years after it was founded?

    A   San Diego

    B   Laredo

    C   St. Augustine

    D   Santa Fe

4 El Camino Real was a highway that

    F   began in Peru and ended in Florida.

    G   began in Peru and ended in Santa Fe.

    H   began in Florida and ended in Santa Fe.

    J   began and ended in New Mexico.

5 READ THINK EXPLAIN   Imagina que es 1848 y que vives en la región de la nueva frontera entre los Estados Unidos y México. ¿Dónde prefieres vivir, en Nuevo Laredo o en Laredo? Explica tu respuesta.

6 READ THINK EXPLAIN   ¿Hay ejemplos de la herencia hispana en tu comunidad? ¿Cuáles son? Si no hay ejemplos, ¿por qué no existen?

© Pearson Education, Inc. All rights reserved.

1 Ⓐ Ⓑ Ⓒ Ⓓ   **2** Ⓕ Ⓖ Ⓗ Ⓙ   **3** Ⓐ Ⓑ Ⓒ Ⓓ

4 Ⓕ Ⓖ Ⓗ Ⓙ

5

READ
THINK
EXPLAIN

_____
_____
_____
_____
_____
_____

6

READ
THINK
EXPLAIN

_____
_____
_____
_____
_____
_____
_____
_____

© Pearson Education, Inc. All rights reserved.

Recognizing Cause-Effect Relationships

To recognize cause-effect relationships in fiction, nonfiction, drama, or poetry, readers should be aware of why things happen (causes) as well as the consequences or results of actions (effects) in a reading passage.

Tip

Readers should be able to recognize when effects are presented in a reading passage. You should also be able to make predictions while you read, predicting the outcomes or effects of an action even if the effects are not explicitly written in a reading passage.

To gain practice with predicting outcomes, you should find places in the reading passage where you can stop and ask a "What if . . . ?" question. Sometimes the answer to your "What if . . .?" question will be stated right in the reading passage. Other times, your question might be hypothetical and the acceptable answers will be the ones that make sense, even if they are not stated in the reading passage.

1. On page 415 in your textbook, review **Actividad 36** *"Victoria parcial para las ballenas."* Then answer the "What if . . . ?" questions below. After answering each question, tell if the answer was in the reading passage or if you had to arrive at the answer logically.

   What if Japan had obtained the necessary votes at the International Whaling Commission meeting to continue hunting whales?

   _____

   _____

   _____

   What if a Southern Atlantic Ocean Whale Sanctuary had been created at the International Whaling Commission meeting?

   _____

   _____

   _____

   What if the International Whaling Commission did not exist?

   _____

   _____

   _____

Sample question:

2. Why was a Southern Atlantic Ocean Whale Sanctuary NOT created at the International Whaling Commission meeting?
   A Because Argentina and Brazil voted against it.
   B Because Japan opposed it to get even with the other countries that opposed Japan's hunting of whales.
   C Because it did not have the support of international ecological organizations.
   D Because fewer than 75% of the voting members of the commission supported it.

© Pearson Education, Inc. All rights reserved.

Analyzing the Validity and Reliability of Information

When good readers analyze information for validity and reliability, one of the most important questions that they ask themselves about what they have read is: "How do I know that I can trust that this information is true or accurate?" After answering this question, readers need to determine how such information can be used.

Tip

One way to check a reading passage for validity and reliability is to distinguish between the statements in the passage that are facts and those that are opinions. You generally trust factual information more than you trust opinions. A factual statement generally can be put to a test to prove whether the statement is true or false. Statements that involve numbers and/or measurements are more likely to be facts than opinions. Opinions are generally statements that could be interpreted differently by different people.

Let's look at two examples concerning butterflies:
  A Butterflies are nature's most amazing insects.
  B Butterflies begin their lives as caterpillars.

It would be very difficult to prove the truth of Statement A because the word "amazing" is a value judgment. While many people are likely to agree with Statement A, others with differing ideas might disagree. Statement B, however, lends itself to a proof test. Experimental observations or interviews with insect experts could provide the proof needed to recognize Statement B as a fact.

1. On pages 422–424 in your textbook, review the **Lectura,** *La mariposa monarca.* After you have finished reading, read the statements below and identify them as Facts or as Opinions.

  _____ *Tres partes de los animales que viven en la tierra son insectos.*
  _____ *De todos los insectos, quizás el más hermoso sea la mariposa monarca.*
  _____ *La mariposa monarca llega a vivir doce veces más que las otras especies de mariposas.*
  _____ *Las mariposas se alimentan de asclepias.*
  _____ *Una sustancia en las asclepias le da a la mariposa un sabor y un olor desagradables.*
  _____ *Debemos hacer todo lo posible para proteger las increíbles mariposas monarca.*

Sample question:

2. Which statement from *La mariposa monarca* is likely to be most reliable?
  A Of all the insects, perhaps the most beautiful is the monarch butterfly.
  B The monarch butterfly lives twelve times longer than other species of butterflies.
  C We should do everything possible to protect these incredible monarch butterflies.
  D A substance in the milkweed plant gives the butterfly an unpleasant taste and odor.

© Pearson Education, Inc. All rights reserved.

Integrated Performance Assessment
Unit theme: Cuidemos nuestro planeta

Context for the Integrated Performance Assessment: The students in your Spanish class are worried about environmental problems and have decided it is time to do something about it. They want all the Spanish students in your high school to make several promises to help solve some of the problems and to become more aware of the problems. Your class has decided to write a *"Juramento ecológico"*! Your teacher has divided the class into small groups so that everyone can contribute their ideas to the oath.

Interpretive Task: First you need to identify some environmental problems. Listen to 5 students describe 5 different problems on *Realidades 3, Audio DVD, Cap. 9, Track 5.* (Don't worry about the directions given on the DVD itself. Use these directions instead.) Write down each problem as you hear it described. What other environmental problems exist? Add them to your list.

Interpersonal Task: Work with a group of 2 or 3 students. Read them your list of problems and listen as they read their lists. Are there any other problems to add to the list? Select 6 problems that you think your *Juramento ecológico* should address. Why have you selected these problems? What can your fellow students do in their lives to help with each problem? Work together to write a promise for each of the 6 problems that you think is fair and reasonable to ask of your classmates.

Presentational Task: Tell the class the 6 problems you selected and why you chose them. Read the 6 promises to the class and explain why each is fair and reasonable. Convince your classmates to select your promises for the *Juramento ecológico*.

Interpersonal Task Rubric

	Score: 1 Does not meet expectations	Score: 3 Meets expectations	Score: 5 Exceeds expectations
Language Use	Student uses little or no target language and relies heavily on native language word order.	Student uses the target language consistently, but may mix native and target language word order.	Student uses the target language exclusively and integrates target language word order into conversation.
Vocabulary Use	Student uses limited and repetitive language.	Student uses only recently acquired vocabulary.	Student uses both recently and previously acquired vocabulary.

Presentational Task Rubric

	Score: 1 Does not meet expectations	Score: 3 Meets expectations	Score: 5 Exceeds expectations
Amount of Communication	Student gives limited or no details or examples.	Student gives adequate details or examples.	Student gives consistent details or examples.
Accuracy	Student's accuracy with vocabulary and structures is limited.	Student's accuracy with vocabulary and structures is adequate.	Student's accuracy with vocabulary and structures is exemplary.
Comprehensibility	Student's ideas lack clarity and are difficult to understand.	Student's ideas are adequately clear and fairly well understood.	Student's ideas are precise and easily understood.
Vocabulary Use	Student uses limited and repetitive vocabulary.	Student uses only recently acquired vocabulary.	Student uses both recently and previously acquired vocabulary.

© Pearson Education, Inc. All rights reserved.

Greenpeace en el mundo hispano

1 Greenpeace es una organización internacional que trabaja para proteger el medio ambiente y para mantener el equilibrio ecológico del mundo. La organización se dedica a actividades como las siguientes: reducir el número de barcos de pesca para proteger la biodiversidad marina; eliminar la contaminación del aire y del agua para proteger la salud de los seres humanos y de los animales; eliminar el uso de fuentes de energía tradicionales, como petróleo, carbón, gas natural y nuclear, y usar fuentes renovables, como solar o del viento, para evitar peligrosos cambios en el clima.

A proteger el Mediterráneo

2 El mar Mediterráneo está en peligro. Los grupos ecologistas como Greenpeace-España están haciendo una campaña ecológica para proteger los peces y otros animales marinos y también a la gente que va a la playa. Unas cincuenta personas trabajan para la organización. También hay muchos jóvenes voluntarios que ayudan a Greenpeace.

3 Según Greenpeace-España, se prohíbe bañarse en algunas playas españolas porque hay bacterias en el agua que enferman a la gente. Para resolver este problema, Greenpeace recomienda la eliminación de los ácidos que usa la industria papelera porque éstos contaminan el mar. Para proteger los peces y otros animales marinos, Greenpeace captura los barcos de pesca ilegales. La Unión Europea sólo permite a los pescadores capturar un número determinado de peces. Greenpeace usa un barco y un helicóptero para buscar a los pescadores que capturan demasiados peces.

A proteger las costas de México

4 Hay problemas ecológicos en México también. Los grupos ecologistas creen que la muerte de muchas ballenas cerca de las costas de México se debe a la contaminación del agua por pesticidas y basura. Y esta contaminación también puede hacer daño a los seres humanos si comen mariscos del área contaminada. Según Roberto López, representante de Greenpeace-México, el golfo de California en particular está muy contaminado. Su organización recomienda una investigación para determinar la causa de la contaminación. Greenpeace-México también protesta contra echar materiales tóxicos cerca de la costa del golfo de México. Se dice que Pemex, el mayor productor de petróleo en México, echa estos materiales en los ríos y por eso el agua está contaminada.

© Pearson Education, Inc. All rights reserved.

Answer questions 1–6. Base your answers on the reading *"Greenpeace en el mundo hispano"*.

1 According to the article, which of the following is <u>not</u> one of Greenpeace's environmental objectives?

    A   to protect the health of humans and animals by eliminating pollutants

    B   to prevent dangerous climactic changes by phasing out fossil fuels and replacing them with renewable energy sources

    C   to safeguard marine biodiversity by reducing the number of fishing boats

    D   to change the world's ecological balance

2 What solutions has Greenpeace-España proposed for Spain's environmental problems?

    F   eliminating the use of acids by the paper industry to avoid contamination of the water

    G   hiring more volunteers to work with their organization

    H   capturing fishing boats that catch less than the allowable number of fish

    J   not allowing people to swim at beaches with contaminated water

3 Which of the following pollutants was <u>not</u> mentioned as a possible cause for the environmental problems along Mexico's coasts?

    A   pesticides and garbage

    B   toxic waste

    C   coal

    D   petroleum

4 **READ THINK CREATE** Imagina que un(a) ecólogo(a) famoso(a) va a visitar tu escuela. Escribe tres preguntas que te gustaría hacerle sobre su profesión. Piensa en algunos de los problemas ecológicos mencionados en la lectura para ayudarte a escribir tus preguntas.

5 **READ THINK CREATE** Para celebrar el Día de la Tierra, cada estudiante va a escribir un párrafo para la revista literaria escolar sobre lo que hace su comunidad para proteger el medio ambiente. Antes de escribir tu párrafo, haz una lista de lo que hace tu comunidad. Después, escribe un párrafo de por lo menos cinco o seis frases. No te olvides de mencionar lo que tu familia y tu escuela hacen para proteger el medio ambiente.

© Pearson Education, Inc. All rights reserved.

1 Ⓐ Ⓑ Ⓒ Ⓓ **2** Ⓕ Ⓖ Ⓗ Ⓙ **3** Ⓐ Ⓑ Ⓒ Ⓓ

4

READ
THINK
CREATE

_____

_____

_____

_____

_____

_____

5

READ
THINK
CREATE

_____

_____

_____

_____

_____

_____

_____

_____

© Pearson Education, Inc. All rights reserved.

Synthesizing Information from Multiple Sources to Draw Conclusions

Often readers are asked to look at two or more reading passages and make connections between the different passages. When readers synthesize information, they are forming new ideas based on what they have read in the different reading passages.

Tip

When synthesizing information from various sources, readers benefit when they read actively. As an active reader, you are constantly formulating ideas about how information from various sources relates to each other. Active readers often show these relationships in charts, tables, or graphs.

1. Review the **Presentación escrita** "*¿Cuáles son sus derechos?*" on page 466 in your textbook, and then fill in the chart below. Begin by summarizing each of the five sections. Then place an X in the chart if one section relates to another.

Summary	Relates to 1	Relates to 2	Relates to 3	Relates to 4	Relates to 5
Antes de escribir	_____	_____	_____	_____	_____
Borrador	_____	_____	_____	_____	_____
Redacción	_____	_____	_____	_____	_____
Publicación	_____	_____	_____	_____	_____
Evaluación	_____	_____	_____	_____	_____

Sample question:

2. How would the model first draft of the essay change if, in her interview, Ingrid Ramírez responded to question 4 by saying, "The only freedom that I actively use is the right to political assembly"?

A The introduction would change to say that many Americans do not exercise their rights.

B The second paragraph would have to include a sentence saying that for some Americans, one right is more important than others.

C The second paragraph would have to change to say that most Americans do not care about their rights.

D The conclusion would have to say that the only freedom that matters to Ingrid is the right to political assembly.

© Pearson Education, Inc. All rights reserved.

Analyzing the Effectiveness of Complex Elements of Plot

When reading stories, it is important for readers to identify the protagonist or main character of the story. The protagonist usually has a goal and it is the protagonist's attempt to reach that goal that moves the plot of the story. Just as a clear understanding of the characters in a story often leads to a better understanding of the plot, a clear understanding of the setting can help readers understand characters' motives and the actions in the plot.

Generally speaking, setting refers to the time and place the story occurs. However, just as the general notion of time could refer to the actual year, the historical period, the month or season of the year, or the time of day, the general notion of place could refer to a broad geographic location such as the country of Spain or the city of New York, or to a smaller space such as a neighborhood, a house, or a dining room. Other factors in a story such as the weather, family dynamics, and socioeconomic conditions can also contribute to a reader's understanding of setting.

Tip

1. One way that you can get a better understanding of how setting details influence the characters and plot in a story is to create a chart while reading. After reviewing the **Lectura**, *Si me permiten hablar...* on pages 468–470 in your textbook, fill in the chart below.

Setting Details Related to Time	Setting Details Related to Place	Other Setting Details: Weather, Family Dynamics, Socioeconomic Conditions

Sample question:

2. Which setting detail from the life of Domitila Barrios Chungara seems LEAST significant in her struggle to gain an education?
   A She was a child in the year 1954.
   B Her father was a widower, and she had four little sisters.
   C Her father earned very little as a copper mine employee in Bolivia.
   D The family lived in a tiny shack in a neighborhood of single men.

© Pearson Education, Inc. All rights reserved.

Integrated Performance Assessment
Unit theme: ¿Cuáles son tus derechos y deberes?

Context for the Integrated Performance Assessment: Because you are interested in the problems of the poor around the world and in organizations that have been formed to protect their rights, your Spanish teacher has suggested that you read about the life of Domitila Barrios Chungara. You are so impressed by her description of her school years that you decide to write her a letter.

Interpretive Task: Read *Lectura: Si me permiten hablar…* in *Realidades 3, Capítulo 10,* pp. 468–470. Take notes on the hardships she faced, especially during her school years. What are your personal reactions to those hardships? What do you admire about her?

Interpersonal Task: Work with a partner and discuss what you learned about Domitila's school years. Share your reactions. What would you like to know about her school years? With your partner, read the *Fondo cultural* on page 471, to learn what happened to her after her school years. Discuss this with your partner and share your reaction.

Presentational Task: Write a letter to Domitila Barrios Chungara expressing your admiration for what she has accomplished in her life. Include specific details about her school years and her adult years.

Interpersonal Task Rubric

	Score: 1 Does not meet expectations	Score: 3 Meets expectations	Score: 5 Exceeds expectations
Language Use	Student uses little or no target language and relies heavily on native language word order.	Student uses the target language consistently, but may mix native and target language word order.	Student uses the target language exclusively and integrates target language word order into conversation.
Vocabulary Use	Student uses limited and repetitive language.	Student uses only recently acquired vocabulary.	Student uses both recently and previously acquired vocabulary.

Presentational Task Rubric

	Score: 1 Does not meet expectations	Score: 3 Meets expectations	Score: 5 Exceeds expectations
Amount of Communication	Student gives limited or no details or examples.	Student gives adequate details or examples.	Student gives consistent details or examples.
Accuracy	Student's accuracy with vocabulary and structures is limited.	Student's accuracy with vocabulary and structures is adequate.	Student's accuracy with vocabulary and structures is exemplary.
Comprehensibility	Student's ideas lack clarity and are difficult to understand.	Student's ideas are adequately clear and fairly well understood.	Student's ideas are precise and easily understood.
Vocabulary Use	Student uses limited and repetitive vocabulary.	Student uses only recently acquired vocabulary.	Student uses both recently and previously acquired vocabulary.

© Pearson Education, Inc. All rights reserved.

Mary Mcleod Bethune

1 En 1904, una joven profesora afroamericana llegó a Daytona Beach, Florida. Tenía el sueño de fundar una escuela para enseñar a jóvenes afroamericanas las habilidades que necesitaban para obtener empleos. Su nombre era Mary McLeod Bethune, y su mejor cualidad era su determinación. Encontró una pequeña casa y dio un depósito de $1.50 para obtenerla. Con sólo cinco estudiantes, Bethune fundó su escuela, Daytona Normal and Industrial Institute for Girls.

2 Al principio, el éxito parecía imposible. En aquel tiempo, en el sur de los Estados Unidos, los estudiantes blancos y negros no podían ir a la misma escuela. Era ilegal. Las escuelas para los estudiantes negros recibían poco dinero, y por eso Bethune y sus estudiantes se dedicaron a hacer y vender tartas todos los días para ganar dinero. Bethune también recogía cosas de la basura de los hoteles para turistas y de la basura de la ciudad. Bethune y sus estudiantes limpiaban, reparaban y usaban lo que encontraban.

3 Bethune también pidió ayuda a la gente rica de Daytona. James B. Gamble, de la corporación Procter and Gamble, admiraba mucho la determinación de Bethune. Decidió donar dinero a su escuela, y sirvió como uno de sus directores. Las acciones de Gamble inspiraron a otros. Con su ayuda, Bethune construyó una escuela apropiada para sus estudiantes.

4 En 1923, la escuela de Bethune se juntó con una escuela que era sólo para hombres. Esta nueva escuela se llamó Bethune-Cookman College.

5 Más tarde, Mary McLeod Bethune formó el National Council of Negro Women, dirigió otras organizaciones y fue consejera a dos presidentes de los Estados Unidos. En 1954, después de la decisión de la Corte Suprema sobre *Brown v. Board of Education of Topeka*, Bethune expresó las ideas que guiaron su vida:

"Bajo la Constitución, no puede haber democracia dividida, … ni un país medio libre. Por eso, no puede haber discriminación, ni segregación, ni separación de algunos ciudadanos de los <u>derechos</u> que tienen todos los ciudadanos."

© Pearson Education, Inc. All rights reserved.

Realidades 3

Capítulo 10   Practice Test

Answer questions 1–6. Base your answers on the reading *"Mary McLeod Bethune."*

1 What was Bethune's goal in creating a school for African American girls?

A   to teach them general school subjects

B   to prove that African Americans valued education

C   to train them to be social and political advocates for African Americans

D   to teach them job skills

2 According to the article, why would it have been impossible for Bethune to start a school that accepted both black and white children?

F   White people wouldn't send their children there.

G   In some states it was against the law for students of both races to attend the same school.

H   She didn't have the funds to build a big enough school.

J   Her teaching staff refused to teach mixed-race classes.

3 What did Bethune and her students do to raise money for the school?

A   They went door to door selling things other people had thrown away.

B   They wrote to churches and other community organizations.

C   They baked and sold pies.

D   They formed other organizations to help African Americans.

4 Which one of the following did Bethune <u>not</u> do later in life?

F   She formed the National Council of Negro Women.

G   She served as United States ambassador to several countries.

H   She led several organizations.

J   She advised Presidents.

5 READ THINK EXPLAIN   Lee de nuevo lo que dice Bethune sobre la democracia y la libertad. Nombra dos derechos que, bajo la Constitución, tienen todos los ciudadanos.

6 READ THINK EXPLAIN   ¿Qué otras cualidades, además de determinación, crees que Mary McLeod Bethune tenía para realizar lo que hizo? Explica tu respuesta.

© Pearson Education, Inc. All rights reserved.

1 Ⓐ Ⓑ Ⓒ Ⓓ   **2** Ⓕ Ⓖ Ⓗ Ⓙ   **3** Ⓐ Ⓑ Ⓒ Ⓓ

4 Ⓕ Ⓖ Ⓗ Ⓙ

5

READ
THINK
EXPLAIN

_____
_____
_____
_____
_____
_____

6

READ
THINK
EXPLAIN

_____
_____
_____
_____
_____
_____
_____
_____

© Pearson Education, Inc. All rights reserved.

Notes

Notes

Notes

Notes

Notes

Notes